To:

From:

Para:

De:

D1209303

My First Bible Storybook Bilingual Edition
Copyright © 2011 by Concordia Publishing House
3558 South Jefferson Avenue · St. Louis, MO 63118-3968

www.cph.org · 1-800-325-3040

Spanish translation by Glorimar Camareno-Calderon © 2011 Concordia Publishing House
Spanish Copyeditor: Olga Groh

Originally published under the title: *"My First Bible Storybook"* by Copenhagen
Publishing House, Denmark
English text © 2009 Copenhagen Publishing House

Illustrated by Jacob Kramer
Retold by Michael Berghof
Designer: David Lund Nielsen

ISBN 978-0-7586-2723-0, 0-7586-2723-8

Printed in China

China/ 019253/ 408518

My First
Bible
Storybook

Mi primer libro de historias bíblicas

The Old Testament/ El Antiguo Testamento

The Story of Creation   7
  La historia de la creación   7
Adam and Eve   15
  Adán y Eva   15
The Fall   28
  La caída   28
Noah's Big Boat   39
  Gran barco de Noé   39
The Rainbow   44
  El arco iris   44
The Big Tower of Babel   51
  La gran torre de Babel   51
God Chooses Abraham   55
  Dios escoge a Abraham   55
A Wife for Isaac   61
  Una esposa para Isaac   61
Jacob and Esau   65
  Jacob y Esaú   65
Jacob's Dream   70
  El sueño de Jacob   70
Jacob Meets Esau   74
  Jacob se encuentra con Esaú   74
Joseph The Dreamer   77
  José, el soñador   77
Joseph in Prison   82
  José en la cárcel   82
From Prisoner to Leader in Egypt   85
  De prisionero a líder en Egypto   85
Joseph's Brothers in Egypt   91
  Los hermanos de José en Egipto   91
Moses in the Basket   98
  Moisés en la canasta   98
Moses and the Burning Bush   103
  Moisés y el arbusto en llamas   103
The Ten Plagues   108
  Las diez plagas   108
Crossing the Red Sea   122
  Cruzando el Mar Rojo   122
God's Care for the People   126
  El cuidado de Dios para el pueblo   126

The Ten Commandments   130
  Los diez mandamientos   130
Twelve Spies   134
  Doce espías   134
The Walls of Jericho   137
  Las murallas de Jericó   137
Gideon and The Wet Wool   142
  Gideón y la lana mojada   142
Gideon's 300 Men   146
  Los 300 hombres de Gideón   146
Samson the Super Strong   151
  Sansón, el super fuerte   151
Samuel – The Boy Who Listened to God   158
  Samuel, el niño que escuchaba a Dios   158
David and Goliath   164
  David y Goliat   164
Saul and David   173
  Saúl y David   173
Solomon – The Wise King   179
  Solomón, el rey sabio   179
Elijah – Prophet of Fire   182
  Elías, el profeta de fuego   182
The Big Test   186
  La gran prueba   186
The Chariot of Fire   192
  La carrosa de fuego   192
Three Friends in the Burning Fire   197
  Tres amigos en el fuego   197
Daniel and the Lions   203
  Daniel y los leones   203
Queen Esther   210
  La reina Ester   210
Jonah and the Whale   216
  Jonás y la ballena   216

The New Testament/ El Nuevo Testamento

Mary and Gabriel   228
 Maríy y Gabriel   228
Jesus Is Born in Bethlehem   233
 Jesús nace en Belén   233
The Wise Men   239
 Los Sabios del oriente   239
Jesus in the Temple   246
 Jesús en el templo   246
John the Baptist   251
 Juan el Bautista   251
"Come and Follow Me"   255
 "Vengan y síganme"   255
The Wedding at Cana   258
 La boda en Caná   258
"Don't Worry about Tomorrow"   262
 "No se preocupen por el mañana"   262
Through The Roof to Jesus   265
 A través del techo para ver a Jesús   265
Two Fish and Five Loaves of Bread   272
 Dos pescados y dos panes   272
Jesus Walks On Water   277
 Jesús camina sobre el agua   277
Jairus' Little Daughter   282
 La pequeña hija de Jairo   282
The Good Shepherd   286
 El buen pastor   286
The Lost Son Comes Home   292
 El hijo perdido regresa a casa   292
The Good Samaritan   298
 El buen samaritano   298
The Farmer and the Good Soil   304
 El agricultor y la buena tiera   304
The Treasure and the Beautiful Pearl   311
 El tesoro y la perla hermosa   311
The Lord's Prayer   316
 El Padrenuestro   316
Lazarus, wake up!   318
 Lázaro, ¡levántate!   318

Jesus and Children   322
 Jesús y los niños   322
Zacchaeus Was A Little Man   324
 Zaqueo era un hombre pequeño   324
Entering Jerusalem   328
 Entrando a Jerusalén   328
A Very Special Meal   332
 Una cena muy especial   332
In The Garden of Gethsemane   335
 En el jardín de Getsemaní   335
Jesus before the High Priest and Pilate   338
 Jesús frente al sumo sacerdote y Pilato 338
The Cross   340
 La cruz   340
Jesus Is Alive!   342
 ¡Jesús esta vivo!   342
The Big Catch of Fish   347
 ¡La gran pesca!   347
Jesus Leaves Earth   351
 Jesús se va de la tierra   351
Flames of Fire   356
 Llamas de fuego   356
Peter and John in the Temple   360
 Pedro y Juan en el templo   360
When Saul Became Paul   364
 Cuando Saulo se convierte en Pablo 364
Paul in Prison   370
 Pablo en la cárcel   370
Shipwrecked!   374
 ¡Naufragio!   374
God's Wonderful City   380
 La maravillosa cuidad de Dios   380

The Old Testament
El Antiguo Testamento

In the beginning, before time began, God created the universe. The earth was an empty and dark place and there was no life or light. In six days, God created the world and everything in it.

En el principio, antes de que todo comenzara, Dios creó el universo. La tierra era un lugar vacío y oscuro donde no había ni vida ni luz. En seis días, Dios creó el mundo y todo lo que en el hay.

The first thing God created was the light. God said, "Let there be light." Suddenly, the first bright light began to shine in the empty earth. God saw the light was good and He named the light "day," and He called the darkness "night." This was the first day.

Lo primero que Dios creó fue la luz. Dios dijo: "Que exista la luz". De repente, el primer rayo de luz comenzó a brillar en la tierra que estaba vacía. Dios vio que la luz era buena y decidió llamarle "día" a la luz y a la oscuridad la llamó "noche".

On the second day, God commanded the waters covering the whole earth to pull back. God divided the earth between the dry land and the big seas. He said, "Let dry ground rise out of the water." And so it happened. Now the world had mountains and valleys. It had lakes and rivers.

En el segundo día, Dios le dio orden a las aguas que cubrían toda la tierra para que se movieran. Dios dividió la tierra entre tierra seca y grandes mares diciendo: "Que las aguas debajo del cielo se reúnan en un solo lugar, y que aparezca lo seco". Y así sucedió. Entonces el mundo tuvo montañas y valles, lagos y ríos.

Next God said, "Let the earth be filled with green grass." He put tall trees and beautiful flowers everywhere. He filled the world with color. And God saw all He created was wonderful. This was the third day.

Luego Dios dijo: "Que haya vegetación sobre la tierra". Y colocó árboles altos y flores bellas en todos lugares. Llenó el mundo de color. Y Dios vio que todo lo que había creado era maravilloso. Este fue el tercer día.

On the fourth day, God made the sun, the moon, and the stars. He made the sun shine from the sky during the day, and at night, God made the moon to shine along with all the countless glittering stars of the universe.

En el cuarto día, Dios creó el sol, la luna y las estrellas. Hizo que el sol brillara en el cielo durante el día y que la luna brillara por las noches junto a muchas estrellas resplandecientes en el universo.

But the earth was very quiet and still because no living beings had been created. Then, on the fifth day, God created fish in the seas and rivers, and birds to fly through the sky and among the trees while singing their happy songs. And God saw that everything He had created was good.

Pero la tierra estaba muy quieta y silenciosa porque no había ningún ser humano en ella. Entonces, en el quinto día, Dios creó a los peces en los mares y ríos y creó a las aves para que volaran en el cielo y entre los árboles mientras cantaban canciones alegres. Y Dios vio que todo lo que había creado era bueno.

On the sixth day, God made animals of every kind to live on the dry land of the earth. God made every animal you can think of, from elephants and zebras, lions and cattle, sheep, dogs and cats. He made the very largest and the very smallest creatures on earth. When God had created all this He said, "This is really good."

En el sexto día, Dios creó animales de todo tipo para que vivieran en la parte seca de la tierra. Dios creó a todos los animales que te puedas imaginar: elefantes y cebras, leones y ganado, ovejas, perros y gatos. El creó las criaturas más grandes y más pequeñas en la tierra. Cuando Dios creó todo esto El dijo, "Esto es muy bueno".

God was almost finished creating the world. But there was still something important He wanted to create. God knew the most fantastic of all His creations was still to come.

Dios casi había terminado de crear el mundo. Pero todavía le faltaba algo muy importante que quería crear. Dios sabía que la creación más espectacular de todas aún estaba por llegar.

Adam and Eve
Adán y Eva

On that same day God said, "Now I will create people. I will make them in My image. I will give them a conscience so they can think, know, and love Me and each other. I will make them masters of everything I have made so they can take care of it." Then God took dust from the dry land and He formed Adam, the first man.

Ese mismo día Dios dijo: "Ahora voy a crear personas. Los haré semejantes a Mí. Les daré una conciencia para que puedan pensar, conocerme y amarme a Mí y amarse entre ellos. Los haré que tengan dominio sobre todo lo que he creado para que lo cuiden". Entonces Dios tomó un poco del polvo de la tierra seca y formó a Adán, el primer hombre.

God gave Adam his shape and breathed life through his nostrils so Adam became alive and started to breathe like all living things do. Adam opened his eyes and found himself in a wonderful garden, called Eden, which God had created for him.

Dios le dio forma a Adán y sopló vida a través de su nariz para que Adán viviera y comenzara a respirar como todos los otros seres vivos lo hacían. Adán abrió sus ojos y se encontró en un jardín hermoso, llamado Edén, el cual Dios había creado para él.

Adam was excited about all the many animals that were surrounding him in the Garden of Eden. And he began to give all the animals names to tell them from one another.

Adán estaba emocionado con todos los animales que le rodeaban en el Jardín del Edén. Comenzó a ponerles nombres a todos para distinguirlos unos de los otros.

Adam pointed at the different animals and called them giraffe, rhinoceros, hippopotamus, kangaroo, crocodile, lion. And on he went, naming all the many animals God had brought before him.

Adán señalaba a cada uno de los diferentes animales y les daba un nombre: jirafa, rinoceronte, hipopótamo, canguro, cocodrilo, león. Así continuó nombrando a todos los animales que Dios puso frente a él.

Adam could play with the animals if he wanted. None of the animals were dangerous; they all got along. But Adam felt lonely, because among all the living beings, he did not find any that looked like him. Adam was the only human on the earth.

Adán podía jugar con los animales si lo deseaba. Ninguno de los animales era peligroso; todos se llevaban muy bien. Pero Adán se sentía solo porque, entre todos los seres vivos, no encontró a nadie que se pareciera a él. Adán era el único ser humano en la tierra.

God saw that it was not good for Adam to be alone and said, "I will create a companion for him." So God made Adam fall into a deep sleep. God took out one of his ribs, and from it, He formed Eve. When Adam woke up from his deep sleep and opened his eyes, he saw this new person. He said, "She shall be called a woman, because she came from man." This was the sixth day. God saw all that He had made, and He said it was very good.

Dios vio que no era bueno que Adán estuviera solo y dijo: "Voy a crear una compañera para él". Así que Dios hizo que Adán se durmiera profundamente. Dios tomó una de las costillas de Adán y con ella formó a Eva. Cuando Adán despertó de su sueño profundo y abrió los ojos, vio a esta nueva persona. El dijo: "Se llamará mujer porque viene del hombre" Este fue el sexto día. Dios vio todo lo que Él había hecho y dijo que todo era muy bueno.

From the very first moment they saw each other, Adam and Eve loved each other deeply. Adam no longer felt alone because he now could talk to someone. Eve was happy to be Adam's wife and partner.

Desde el primer momento cuando se vieron, Adán y Eva se amaron profundamente. Adán ya no se sentía solo porque ahora tenía con quien hablar. Eva estaba feliz de ser la esposa y compañera de Adán.

Adam taught Eve all the names he had given the animals. She was very happy with all the beautiful things in the garden that God had made for them.

Adán le enseñó a Eva todos los nombres que él les había dado a los animales. Ella estaba muy feliz con todas las cosas hermosas que Dios había hecho para ellos en el jardín.

Then Adam said, "Your name will be Eve." And God blessed Adam and Eve and told them to be happy and enjoy all that He had created.

Entonces Adán le dijo: "Tu nombre será Eva". Y Dios bendijo a Adán y Eva y les dijo que fueran felices y disfrutaran todo lo que Él había creado.

God said, "Have children and let them help you take care of everything I have created. I want all the earth to be full of life, and I want everything to prosper, blossom, and grow. You can eat whatever you find in the garden I have made for you. But do not eat the fruit of the tree of the knowledge of good and evil. If you do, you will die."

Dios dijo: "Tengan hijos y dejen que les ayuden a cuidar todo lo que yo he creado. Quiero que toda la tierra esté llena de vida y quiero que todo prospere, florezca y crezca. Pueden comer de todo lo que encuentren en el jardín que he creado para ustedes. Pero no deben de comer de la fruta del árbol del conocimiento del bien y del mal. Si lo hacen, morirán".

Adam and Eve took care of the garden and all the animals exactly as God had told them to. In the evening as the air cooled down, God came to them in the garden.

Adán y Eva cuidaron del jardín y de todos los animales exactamente como Dios les había dicho que hicieran. Cada noche cuando el aire refrescaba, Dios venía hacia ellos en el jardín.

Everything God created was beautiful and perfect. And when His work of creation was finished, He rested. Adam and Eve rested too.

Dios creó el universo en seis días usando solamente su voz. Todo lo que Él creó era hermoso y perfecto. Y cuando Dios terminó su trabajo de creación, descansó. Adán y Eva también descansaron.

After these first six days, when time had just begun and God had created everything, He said, "Everything is perfect now. This is very, very good." It looked as if nothing could destroy the joy Adam and Eve experienced in the Garden of Eden where God had created everything so wonderful and perfect.

Luego de seis días, cuando el tiempo recién comenzaba y Dios había creado todo, Él dijo: "Todo está perfecto ahora. Esto es muy muy bueno". Parecía que nada podría destruir el gozo que Adán y Eva sentían en el Jardín del Edén donde Dios había creado todo tan maravilloso y perfecto.

The Fall
La caída

Genesis 3

Génesis 3

Then, one day, when Eve was standing near the tree of the knowledge of good and evil, she heard a voice speaking to her. It was a snake! But it wasn't just any snake.

Entonces un día, cuando Eva estaba al lado del árbol del conocimiento del bien y del mal, ella escuchó una voz que le hablaba. ¡Era una serpiente! Pero no era cualquier serpiente.

God created all animals, and that means all animals are good. But Satan can make himself look like anything he wants to. And this time, he looked like a snake. "Did God really tell you not to eat fruit from that tree?" Satan asked Eve. "Are you sure God meant what He said?"

Dios creó todos los animales y eso quiere decir que todos los animales son buenos. Pero Satanás puede hacerse ver como cualquier cosa que él quiera. Y esta vez, se veía como una serpiente. "¿Es verdad que Dios les dijo que no comieran de ese árbol?" preguntó Satanás a Eva. "¿Estás segura de que Dios hablaba en serio?"

"Yes, I am sure God said we cannot eat fruit from this tree," Eve said.

"Sí, estoy segura que Dios dijo que no podemos comer del fruto de este árbol" dijo Eva.

"But are you sure you cannot have even a little bite of the fruit? It won't really hurt you," Satan tempted.

"¿Pero estás segura de que no puedes probar ni un poquito? No te va a hacer daño en realidad", la tentó Satanás.

Eve could not stand the temptation. She disobeyed God. Eve took fruit from the tree, tasted it, and ate it. And she liked it.

Eva no pudo resistir la tentación. Ella desobedeció a Dios. Eva tomó una fruta del árbol, la probó, la comió, y le gustó.

She gave some of it to Adam, and he ate it too. But as soon as they had eaten the fruit, they felt bad. Adam and Eve knew they had sinned.

She Le dio un poco a Adán y él también la comió. Pero tan pronto como comieron la fruta, se sientieron mal. Adán y Eva sabían que habían pecado.

Until this moment, everything in the garden had been good. But now everything was very different. Adam and Eve were sad and ashamed for disobeying God. They also realized that they were naked, and they hid in shame.

Hasta este momento, todo en el jardín había sido bueno. Pero ahora todo era diferente. Adán y Eva estaban tristes y avergonzados por desobedecer a Dios. Además se dieron cuenta de que estaban desnudos y se escondieron por la vergüenza.

In the evening, when God came walking through the garden, Adam and Eve did not to go out to meet Him. God knew they were hiding. So He called out, "Adam, where are you?"

"Here I am," said Adam. But he and Eve were afraid.

Por la noche, cuando Dios vino caminando por el jardín, Adán y Eva no salieron a recibirlo. Dios sabía que se estaban escondiendo. Llamó: "Adán, ¿dónde estás?"

"Aquí estoy" dijo Adán. Pero él y Eva tenían miedo.

God knew everything they said and did, of course, but He wanted them to confess. God asked, "Did you eat the fruit I had forbidden you to eat?" "It was Eve, the woman You gave to me." Adam said. "She made me eat the fruit." Then Eve said, "It was the evil snake that tempted me and made me eat from the tree."

Dios, por supuesto, ya sabía todo lo que habían dicho y hecho, pero quería que ellos lo confesaran. Dios les preguntó: "¿Acaso has comido del fruto del árbol que yo te prohibí comer?" "Fue Eva, la mujer que me diste por compañera" dijo Adán. "Ella me dio de ese fruto". Entonces Eva dijo: "La serpiente me engañó y me hizo comer de ese árbol".

Their disobedience made God angry and sad. He said, "I told you not to eat fruit from this tree. Now you cannot live in the garden. Now you must leave the Garden of Eden forever. You will have to live on the earth where you must take care of yourself. And you will no longer be able to speak with Me face to face like you have done here in Eden."

Su desobediencia enojó y entristeció a Dios. Él les dijo: "Yo les dije que no comieran del fruto de este árbol. Ahora ya no podrán vivir en el jardín. Deberán irse del Jardín de Edén para siempre. Tendrán que vivir en la tierra y deberán cuidarla ustedes mismos. Y ya no podrán hablar conmigo cara a cara como han hecho aquí en el Edén".

It was a very sad day when Adam and Eve had to leave the garden. God placed an angel holding a flaming sword at the entrance to Eden. No one can ever enter the Garden of Eden again.

Fue un día muy triste para Adán y Eva cuando tuvieron que irse del jardín. Dios colocó un ángel con una espada de fuego a la entrada de Edén. Nadie podría volver a entrar al Jardín de Edén otra vez.

Noah's Big Boat
Gran barco de Noé

Genesis 6-9

Génesis 6-9

Many years went by, and the earth was now full of people. But most people had completely forgotten about God. They did many evil things and were hateful to one another. This made God very sad, and He tried to find a good person somewhere on earth. Among all the people, God found only one good man. His name was Noah. Noah loved and obeyed God.

Pasaron muchos años y la tierra ahora estaba llena de gente. Pero muchas de las personas se habían olvidado completamente de Dios. Hacían cosas terribles y se odiaban los unos a los otros. Esto entristeció mucho a Dios y trató de encontrar una persona buena en alguna parte de la tierra. Entre todas las personas, Dios encontró solamente un hombre bueno llamado Noé. Noé amaba y obedecía a Dios.

God said to Noah, "I am sorry that I created people, and I want to start all over again. I am going to send a big flood over the world, but you and your family will be safe."

God then told Noah to build a giant boat called an ark. It was big enough to hold Noah's family and one pair, a male and female, of all animals living on the earth. "The ark will protect you and the animals and keep you safe from the flood," God said.

Dios le dijo a Noé: "Estoy arrepentido de haber creado a los seres humanos y quiero empezar de nuevo. Voy a enviar un diluvio sobre la tierra pero tú y tu familia estarán a salvo".

Entonces Dios le dijo a Noé que construyera un gran barco llamado arca. Era suficientemente grande como para que toda la familia de Noé pudiera estar allí y también para una pareja, varón y hembra, de cada uno de los animales que vivían en la tierra. "El arca los protegerá a ustedes y a los animales y los mantendrá a salvo del diluvio," dijo Dios.

Noah and his three sons, Shem, Ham, and Japheth, spent many years building the ark. They followed God's instructions for the ark exactly. While they were building it, all their neighbors made fun of them. But Noah warned them and said God would send a flood that would destroy everything on the earth. Noah said the people should stop doing wicked things to one another and obey God instead. The people didn't listen to Noah.

Noé y sus tres hijos, Sem, Cam y Jafet, pasaron muchos años construyendo el arca. Ellos siguieron exactamente las instrucciones de Dios para el arca. Mientras estaban construyéndola, todos sus vecinos se burlaban de ellos. Pero Noé les advirtió que Dios había dicho que enviaría una gran inundación que destruiría todo en la tierra. Noé les dijo que debían dejar de hacer cosas malvadas a los demás y que debían obedecer a Dios. La gente no escuchó a Noé.

When the ark was finished, God sent every kind of animal to Noah. Two by two, the animals entered the ark where rooms were prepared for them to stay. When all the animals and Noah's family were inside the ark, God Himself closed the big door to the ark.

Cuando el arca estuvo terminada, Dios envió a todo tipo de animales a Noé. De dos en dos, los animales entraron al arca donde había habitaciones preparadas para ellos. Cuando todos los animales y la familia de Noé estuvieron dentro del arca, Dios mismo cerró la gran puerta del arca.

Then God made the rain to fall and water in the lakes and rivers and oceans to rise up. First, water covered the roads and fields. Then it covered houses and towns. It rained for forty days and forty nights. Finally, all the earth was covered, even the tallest mountains. But the ark floated quietly and safely.

Every one inside the ark was safe. Noah and his family were now the only people on earth. But God had not forgotten Noah, his family, and all the animals in the ark.

Entonces Dios hizo que cayera la lluvia y que el agua de los lagos, ríos y océanos subiera. Primero, el agua cubrió las calles y la tierra. Luego cubrió las casas y los pueblos. Llovió durante 40 días y 40 noches. Finalmente toda la tierra fue cubierta, aún las montañas más altas. Pero el arca flotó quieta y seguramente.

Todos dentro del arca estaban seguros. Noé y su familia ahora eran las únicas personas en la tierra. Pero Dios no se había olvidado de Noé, ni su familia ni todos los animales en el arca.

The Rainbow

After the rain stopped, the ark floated around on the water for months and months. The water began to dry up little by little and the mountaintops were now visible again. But all the valleys and mountains were still covered by water. Then, one day, the ark touched dry ground on the side of a mountain.

El arco iris

Después que la lluvia cesara, el arca flotó en el agua durante muchos meses. El agua comenzó a bajar poco a poco y ya se podían ver los topes de las montañas de nuevo. Pero todos los valles y montañas aún estaban cubiertos de agua. Entonces un día, el arca tocó tierra seca en la ladera de a una montaña.

Noah opened a window in the ark and sent out a raven to see if the water had dried up from the land. The bird flew away, but it came back to the ark because it did not find any land.

Noé abrió una ventana del arca y envió afuera un cuervo para ver si las aguas se habían secado en la tierra. El ave voló lejos y regresó al arca pues no había encontrado nada de tierra.

Noah waited forty days, then he sent out a dove to see if there was dry land. But the dove returned to the ark because it found no place to land. Noah waited seven more days and sent the dove out again. This time it came back with a green twig in its beak. Noah smiled. He now knew that it was possible to find dry land.

Noé esperó 40 días, y entonces envió una paloma a buscar tierra seca. Pero la paloma regresó al arca porque no encontró lugar donde posarse. Noé esperó 7 días más y envió a la paloma otra vez. Esta vez regresó con una rama verde en su pico. Noé sonrió y supo que ya podrían encontrar tierra seca.

A week later, Noah released the dove once more, and this time it did not return. Noah knew it was time to leave the ark. God said, "Everyone can leave the ark, for the flooding is over." God opened the door of the ark. And Noah sent out all the animals and the people. They were excited to go out into a new world just waiting for them.

Una semana más tarde, Noé dejó salir a la paloma de nuevo y esta vez no regresó. Noé supo que era tiempo de abandonar el arca. Dios les dijo: "Todos pueden salir del arca pues el diluvio ha terminado". Dios abrió la puerta del arca. Y Noé dejó salir a todos los animales y todas las personas. Todos estaban muy emocionados de salir al nuevo mundo que les esperaba.

Then Noah built an altar to worship and praise God and to thank Him for keeping his family and all the animals safe. Then God blessed Noah and his sons and said, "I am making a promise to you today. See the rainbow I have put up in the sky? This shall be a sign to you that I will never again destroy the whole world with a flood."

Entonces Noé construyó un altar para adorar y glorificar a Dios y darle gracias por haber cuidado a su familia y a los animales. Dios bendijo a Noé y a sus hijos y les dijo: "Hoy les hago una promesa. ¿Ven ese arco iris en el cielo? Esta será una señal para ustedes que nunca volveré a destruir la tierra con un diluvio".

From that day until this very day, God's people always remembered His promise to them. After the rain, when the sun was breaking through and the bright, colorful rainbow appeared in the sky, they knew that God would keep His promises. Always.

Desde ese mismo día, el pueblo de Dios siempre recordó Su promesa para ellos. Después de la lluvia, cuando el sol estaba saliendo y aparecía un brillante y colorido arco iris en el cielo, ellos supieron que Dios mantendría sus promesas. Siempre

The Big Tower of Babel
La gran torre de Babel

Many years after the flood, the world was again full of people. Everyone spoke the same language and people from all over the world easily understood one other. One day, many people gathered in a city. "Let us build a tall building that will reach to heaven," they said. "Then, we will always be remembered in the future as the greatest and most magnificent people who ever lived on the earth."

Muchos años después del diluvio, el mundo estaba otra vez lleno de personas. En todas partes del mundo, las personas hablaban el mismo idioma y podían entender lo que las otras estaban diciendo. Un día, un gran grupo de personas se reunieron en una ciudad. "Construyamos una torre alta que llegue al cielo", dijeron entre ellos. "Así seremos siempre recordados en el futuro como las mejores personas y las más espléndidas que hayan vivido jamás en la tierra".

But the people didn't want to glorify God with this tower; they only wanted to look important. God said that if they built this tower, people would again become as wicked and selfish as they were before the great flood.

Pero la gente no quería glorificar a Dios con esta torre; solo querían verse como gente importante. Dios les dijo que si construían aquella torre, la gente se volvería tan malvada y egoísta como lo era antes del diluvio.

To stop their wickedness, God came and gave all of the people new languages. The groups of people became very confused because they did not understand what the others said. They could not work together anymore and had to give up their plan to build the tower.

Para detener su maldad, Dios hizo que todos hablaran en idiomas diferentes. La gente se confundió mucho porque no se entendían los unos a los otros. Ya no podían trabajar juntos y tuvieron que abandonar sus planes de construir la torre.

The tower was never completed and nothing remains of it today. The city where this happened is called Babel, which means "confusion," because God caused their languages to be confused there.

La torre nunca se completó y no queda nada de ella hoy día. La ciudad donde sucedió esto se llamaba Babel, que quiere decir confusión, porque Dios hizo que sus idiomas se confundieran en ese lugar.

God Chooses Abraham
Dios escoge a Abraham

Genesis 12-23

Génesis 12-23

In the city of Ur, there lived a faithful man named Abraham. He was one of the world's richest men, so rich that he needed hundreds of workers to take care of all his cattle, sheep, and camels.

En la ciudad de Ur, vivía un hombre fiel llamado Abraham. Era uno de los hombres más ricos del mundo, tan rico que necesitaba cientos de trabajadores para cuidar de su ganado, ovejas y camellos.

One day, God said to Abraham, "I want you and your wife, Sarah, to move to another country, called Canaan. I have a special plan for you and your family." Immediately, Abraham and Sarah obeyed and began a very long journey to their new homeland. All their workers also had to follow them to help take care of all their animals and belongings.

Un día Dios le dijo a Abraham: "Quiero que tú y tu esposa se vayan a otro país, llamado Canaán. Tengo un plan especial para ti y tu familia". Inmediatamente, Abraham y Sara obedecieron y comenzaron un viaje muy largo hacia la tierra que sería su nuevo hogar. Todos sus empleados también tenían que seguirlos para ayudar a cuidar de todos sus animales y pertenencias.

They traveled for many years before they finally reached the land God had promised to Abraham. Their new home was now in Canaan. They put up their tents near the big trees at a place called Hebron.

Abraham loved Sarah very much. But they were sad because they had no children and now were quite old.

Viajaron durante muchos años antes de llegar finalmente a la tierra que Dios le había prometido a Abraham. Su nuevo hogar ahora era Canaán. Armaron sus tiendas cerca de unos árboles grandes en lugar llamado Hebrón.

Abraham amaba mucho a Sara. Pero estaban tristes porque no tenían hijos y ya estaban bastantes viejitos.

Then, one night God gave Abraham a new promise. He said, "Abraham, look up at the sky and see if you can count all the stars there. I promise that you will have as many children as there are stars in the sky. Your family will give the world something wonderful."

This was hard to believe, though, because Sarah was too old to have a baby. But Abraham trusted God to keep His promise.

Entonces, una noche, Dios le dio a Abraham una promesa nueva. Le dijo: "Abraham, mira hacia el cielo y mira si puedes contra las estrellas que allí ves. Te prometo que tendrás tantos hijos como hay estrellas en el cielo. Tu familia le dará algo maravilloso al mundo".

Esto era difícil de creer pues Sara estaba muy viejita para tener un bebé. Pero Abraham confió en Dios y en que cumpliría su promesa.

58

One day, as Abraham sat outside his tent at the hottest time of the day, he looked up and saw three men close by. Abraham loved to have guests for dinner. So he asked them, "Would you like something to eat?" Sarah made them a nice dinner. And as they sat, they said something quite strange to Abraham. "Next year, at this same time, you and your wife, Sarah, will have a son."

Un día, mientras Abraham estaba sentado afuera de su tienda en la hora más calurosa del día, vio a tres hombres que se acercaban. Abraham disfrutaba tener invitados para cenar. Les preguntó: "¿Desean algo de comer?" Sara preparó una cena especial. Mientras se sentaban, le dijeron algo que a Abraham le pareció muy extraño. "Para el próximo año, en esta misma fecha, tú y tu esposa Sara tendrán un hijo".

Now Abraham knew these men came from God, and he believed what they said. But Sarah could not believe it. She laughed loudly and said to herself, "How can it be possible for me to have a baby at my age?" God heard Sarah laughing and said, "Why did Sarah laugh? Is anything impossible for God?" God kept His promise and gave them a son exactly a year later. Abraham named the boy Isaac, which means "laughter."

Abraham supo que estos hombres venían de parte de Dios y creyó lo que le dijeron. Pero Sara no lo podía creer. Se rió muy fuerte y pensó para sí misma: "¿Cómo es posible que vaya a tener un bebé a mi edad?" Dios escuchó que Sara se reía y le dijo: "¿Por qué te ríes, Sara? ¿No crees que para Dios cualquier cosa es posible?" Dios cumplió su promesa y les dio un hijo exactamente un año más tarde. Abraham llamó al niño Isaac, que quiere decir "risa".

A Wife for Isaac
Una esposa para Isaac

When Isaac grew up, Abraham wanted a good wife for him. So Abraham called his most trusted servant and said, "I want you to find a wife for Isaac. Go to see my brother's family back in the country we came from and look for someone to be Isaac's wife." The servant took ten camels and started the long journey.

Cuando Isaac creció, Abraham deseaba una buena esposa para él. Entonces Abraham llamó al sirviente que más confiaba y le dijo: "Quiero que le encuentres una esposa a Isaac. Ve a visitar a la familia de mi hermano en el país de donde venimos y busca allí a alguien para ser la esposa de Isaac". El criado tomó diez camellos y se fue en un largo viaje.

Finally, he reached a city called Nahor, where he stopped at a well for water because his animals were thirsty. The servant prayed to God to help him. The servant said, "When the women are coming to get water from the well, show me the girl who is the right wife for Isaac. Let it be the woman who offers to get me and the camels some water to drink."

Just then, a girl came to the well. Her name was Rebekah.

Finalmente llegó a una ciudad llamada Najor, donde se detuvo en un pozo de agua porque sus animales tenían sed. El siervo oró a Dios pidiéndole ayuda. El siervo dijo: "Cuando las mujeres vengan a buscar agua al pozo, muéstrame la muchacha que es la esposa correcta para Isaac. La mujer que me ofrezca agua para beber a mí y a mis camellos, esa será la esposa para Isaac".

Justo entonces una joven llegó al pozo. Su nombre era Rebeca.

First, Rebekah offered water to the servant. Then she gave water to the camels. The servant knew God had chosen Rebekah to be Isaac's wife.

Primero Rebeca le ofreció agua al criado. Luego les dio agua a los camellos. El siervo supo que Dios había escogido a Rebeca para ser la esposa de Isaac.

The servant gave her a ring and two bracelets. Then he asked Rebekah's father if she could marry Isaac. Rebekah's father said yes, and the next day, the servant and Rebekah traveled back to meet Isaac. Rebekah was happy to meet this young man, Isaac, about whom she had heard so many good things.

El siervo le dio un anillo y dos brazaletes. Luego le preguntó al padre de Rebeca si ella se podía casar con Isaac. El padre de Rebeca dio permiso y al día siguiente, el criado y Rebeca viajaron a conocer a Isaac. Rebeca estaba muy feliz de conocer a este joven Isaac, de quien había escuchado tantas cosas buenas.

Jacob and Esau
Jacob y Esaú

Isaac and Rebekah soon had two sons, named Esau and Jacob. The oldest was Esau. The youngest was Jacob. They were twin brothers but they did not look alike. Esau had long thick hair on his arms and legs. Jacob's skin was soft and smooth. When they grew older, Esau liked to live outdoors and hunt. Jacob enjoyed staying close to home.

Isaac y Rebeca pronto tuvieron dos hijos llamados Esaú y Jacob. El mayor era Esaú. El menor era Jacob. Eran hermanos gemelos pero no se parecían. Esaú tenía cabello largo y espeso en sus brazos y piernas. La piel de Jacob era suave y tersa. Cuando crecieron, a Esaú le gustaba estar afuera y cazar. Jacob disfrutaba quedarse cerca del campamento.

Isaac was now very old. One day, he called his oldest son, Esau, and said, "It is time for someone else to lead the family. Take your weapons and go hunting. Bring back some meat and fix me a good meal. After the meal, I will bless you and make you the leader of our family."

Isaac ya estaba bien viejito. Un día llamó a su hijo mayor, Esaú, y le dijo: "Es tiempo que otra persona dirija a la familia. Toma tus armas y ve a cazar. Tráeme alguna carne y cocíname una buena comida. Luego de la comida, te bendeciré y te haré líder de nuestra familia".

Rebekah heard this, and because she loved Jacob more than Esau, she wanted Jacob to have the blessing instead. She said to him, "Go quickly and prepare some meat and put on clothes that belong to Esau." She then took hair from a small goat and put the hair on Jacob's arms to make his skin feel like Esau's.

Rebeca escuchó esto y como ella amaba más a Jacob que a Esaú, quería que Jacob fuera el que recibiera la bendición. Ella le dijo: "Ve rápido y prepara una carne y vístete con ropa de Esaú". Tomó cabello de una pequeña cabra y se lo puso a Jacob en los brazos para se sintieran como si fueran los brazos de Esaú.

Next, Jacob brought the meat to his father and acted as if he was Esau. When old Isaac smelled Jacob's clothes, they smelled like Esau. And when he felt Jacob's hairy arms, they felt like Esau's. So Isaac was tricked by Jacob, and he gave his blessing to Jacob instead of Esau.

Luego Jacob le llevó la comida a su padre y actuó como si él fuera Esaú. Cuando el viejito Isaac olió la ropa de Jacob, olían como las de Esaú. Y cuando tocó sus brazos, los sintió como si fueran los brazos velludos de Esaú. Jacob engañó a Isaac y le dio la bendición a Jacob en lugar de a Esaú.

Soon after this, Esau returned from his hunting. He said to Isaac, "Father, I am back and have prepared a wonderful meal for you. Now, will you give me your blessing, like you said?" But Isaac asked, "Who are you?" Esau replied, "I am your firstborn son, Esau."

Then Isaac and Esau knew that Jacob had tricked them. Esau was so angry that he said he would kill his brother.

Poco después, Esaú regresó de cazar. Le dijo a Isaac: "Padre, ya he regresado y te he preparado una comida exquisita. ¿Me darás ahora tu bendición como dijiste?"

Pero Isaac le preguntó: "¿Quién eres tú?" Esaú respondió: "Soy tu primer hijo, Esaú". Entonces Isaac y Esaú se dieron cuenta de que Jacob los había engañado. Esaú estaba tan enojado que dijo que mataría a su hermano.

Jacob's Dream
El sueño de Jacob

Genesis 28

Génesis 28

Rebekah heard Esau's threat and warned Jacob, "You must leave now and go and stay with your uncle, Laban, who lives in the land of Karan."
Jacob had to leave home as quickly as he could.

Rebeca escuchó la amenaza de Esaú y le advirtió a Jacob. "Debes irte y quedarte con tu tío Labán que vive en la tierra de Jarán".
Jacob tuvo que irse de su casa tan rápido como pudo.

It was a long journey to Karan. One night, Jacob was so completely exhausted that he decided to lay down on the hard ground and use a flat stone for a pillow. Jacob fell into a deep sleep.

Era un viaje largo hasta llegar a Jarán. Una noche, estaba tan cansado que decidió acostarse en el suelo usando una roca como almohada. Jacob cayó en un sueño profundo.

As he was sleeping, he had a strange dream. In this dream, he saw a ladder going up into the sky. Angels were going up and down the ladder. God stood at the top of the ladder and said to Jacob, "I will be with you, protect you, and keep you safe. I promise that you will have a family that is too big to count. And your family will give the world something wonderful."

Mientras dormía, tuvo un sueño muy extraño. En el sueño, vio una escalera que subía hasta el cielo. Ángeles subían y bajaban de esa escalera. Dios estaba en lo alto de la escalera y le dijo a Jacob: "Yo estaré contigo, te protegeré y estarás a salvo. Te prometo que tendrás una familia tan grande que no se podrá contar. Y tu familia le dará al mundo algo maravilloso".

The next morning when Jacob woke, he said, "Now I know for sure that God is with me and wants to bless me." He then took the stone he had used as a pillow and raised it up and poured oil on it. It marked the spot where God talked to Jacob in a dream.

Cuando Jacob se despertó la mañana siguiente, dijo: "Ahora estoy seguro que Dios está conmigo y quiere bendecirme". Tomó la piedra que había usado como almohada y la levantó hacia arriba y le vertió aceite por encima. Esto marcó el lugar donde Dios le habló a Jacob en un sueño.

Jacob Meets Esau
Jacob se encuentra con Esaú

Genesis 32-33

Génesis 32-33

Finally, Jacob came to Laban's house. Laban was a very rich man and owned hundreds of cows, sheep, and goats. For twenty years, Jacob worked for Laban, taking care of his animals. Jacob married Laban's daughters and had eleven sons. Jacob also became a rich man and owned many cows, sheep, and goats.

Finalmente, Jacob llegó a la casa de Labán. Labán era un hombre muy rico y era dueño de cientos de vacas, ovejas y cabras. Jacob trabajó para Labán por 20 años cuidando de sus animales. Jacob se casó con las hijas de Labán y tuvo 11 hijos. Jacob también se convirtió en un hombre muy rico y tuvo muchas vacas, ovejas y cabras.

It had been many years since Jacob had run away, but he still wanted to go home to Canaan. When Esau learned that Jacob was coming home, he sent a message to him. He told Jacob, "I am bringing four hundred men to meet you." Jacob was afraid that Esau was still very angry at him. Jacob thought, "I am afraid Esau still wants to kill me." So Jacob sent out servants to take gifts to Esau, hoping this would cause his brother to let go of his anger.

Habían pasado muchos años desde que Jacob había huido, pero aún quería regresar a su hogar en Canaán. Cuando Esaú supo que Jacob regresaba a la casa, le envió un mensaje. Le dijo a Jacob: "Iré a recibirte junto con 400 hombres". Jacob tenía miedo que Esaú aún estuviera enojado con él. Él pensó, "Tengo miedo que Esaú quiera matarme". Jacob envió a unos criados a que le llevaran unos regalos a Esaú con la esperanza de que esto ayudara a que su hermano ya no estuviera enojado.

But Esau had already forgiven Jacob. He had sent the men to Jacob only to help him with his animals. When Esau saw Jacob, he ran to him and hugged him and kissed him. Although Jacob had tricked Esau and made him very angry, Esau had forgiven him and was very happy to see his brother again.

Pero Esaú ya había perdonado a Jacob. Le envió unos hombres a Jacob para que lo ayudaran con los animales. Cuando Esaú vio a Jacob, corrió hacia él, lo abrazó y lo besó. Aunque Jacob había engañado a Esaú y eso le había dado mucho coraje, Esaú lo había perdonado y estaba muy feliz de volver a ver a su hermano.

Joseph The Dreamer
José, el soñador

Genesis 37-47

Génesis 37-47

Jacob had returned to Canaan and the family was together again.
Eventually, Jacob's family grew until he had twelve sons and a daughter.
Jacob's favorite son was Joseph. He made a beautiful, expensive coat
for Joseph. The coat made Joseph's brothers very jealous.

Jacob había regresado a Canaán y la familia estaba reunida otra vez.
Eventualmente la familia de Jacob creció hasta que tuvo doce hijos y una
hija. El hijo favorito de Jacob era José. Él le hizo una túnica muy hermosa
y costosa. Esta túnica que él hizo para José provocó que sus hermanos se
sientieran muy celosos.

Joseph had many dreams. One day, Joseph dreamed that he and his brothers were cutting stalks of grain. They tied the grain into bundles, and the brother's bundles all bowed down in front of Joseph's bundle.

José tuvo muchos sueños. Un día, José soñó que él y sus hermanos estaban atando las gavillas de granos. Amarraron las gavillas en grupos y los grupos que sus hermanos habían amarrado en frente a la gavilla de José.

Another time, Joseph dreamed that he saw the sun, the moon, and twelve stars. One of the stars was named for Joseph. And in the dream, he saw all the other stars bow down to his star.

En otra ocasión, José soñó que veía el sol, la luna y doce estrellas. Una de las estrellas tenía su nombre. Y en el sueño él vió como las demás estrellas se inclinaban ante la estrella de él.

When Joseph told his brothers about his dreams, they became angry. They said, "So, do you think it would be right for us to bow down before you, although you are our younger brother? Dream on, little brother."

And from that point, they decided they wanted to get rid of Joseph.

Cuando José le contó a sus hermanos sobre sus sueños, ellos se enojaron. Le dijeron: "¿Entonces piensas que nosotros debemos inclinarnos ante ti aunque tú eres el hermano menor?"

Y desde ese día, ellos decidieron deshacerse de José.

One day, when Joseph and his brothers were far from home, they caught him, tore off his coat, and threw him down into an empty well. When some traveling businessmen came by, the brothers pulled Joseph up again and sold him to these men. The men took Joseph with them to Egypt, where he became a slave.

But God did not forget Joseph, and He protected him.

Un día, cuando José y sus hermanos estaban lejos de su casa, ellos lo atraparon, rompieron su túnica y lo lanzaron en un pozo vacío. Cuando unos hombres de negocio pasaron por allí, los hermanos lo sacaron del pozo y lo vendieron a estos hombres. Los hombres se llevaron a José a Egipto donde se convirtió en un esclavo.

Pero Dios no se olvidó de José y Él lo protegió.

Joseph in Prison
José en la cárcel

Genesis 40

Génesis 40

In Egypt, an evil woman lied about Joseph, and although he was innocent, he was put in prison. It was a dark and scary place, but even in prison, God was with him. Joseph made friends with the other prisoners. He listened carefully to them and was able to explain the meaning of their dreams.

En Egipto, una mujer muy mala mintió acerca de José, y aunque él era inocente, fue enviado a la cárcel. Era un sitio muy oscuro que daba miedo, pero aún estando en la cárcel, Dios estaba con él. José se hizo amigo de otros prisioneros. Los escuchaba con atención y podía explicarles el significado de los sueños que ellos tenían.

One of the prisoners had worked closely with the king. One night, he had a dream. Then he told Joseph about it. Joseph said, "In the past, you were the king's special servant. Your dream means that you will be his servant again very soon."

Uno de los prisioneros había trabajado muy de cerca con el rey. Una noche, este prisionero tuvo un sueño y se lo contó a José. José le dijo: "En el pasado, fuiste un empleado especial del rey. Tu sueño quiere decir que pronto serás su empleado otra vez".

Three days later, just as Joseph said, the man was released and went back to the palace to work for the king. Joseph said to him, "Please, do not forget me. Help me get out of prison." The man promised to help, but he was so glad to be free that he forgot to tell anyone about Joseph.

Tres días más tarde, tal como José le había dicho, el hombre fue liberado y regresó al palacio a trabajar para el rey. José le dijo: "Por favor, no te olvides de mí". El hombre prometió ayudarlo pero estaba tan feliz de estar libre que se olvidó decirles a los demás sobre José.

From Prisoner to Leader in Egypt
De prisionero a líder en Egipto

Two years went by and Joseph was still in prison. At that time, the king of Egypt had some very strange dreams that caused him to worry. One night, the king had a dream. He saw seven ears of corn. They were thick and full of grain, all growing on one stalk. But another stalk had seven ears that were dried up and very thin. Then the thin ears of corn ate the thick ones.

Pasaron dos años y José seguía en la cárcel. En ese tiempo, el rey de Egipto tuvo unos sueños muy extraños que lo tenían preocupado. Una noche, el rey tuvo un sueño. Vio siete espigas de trigo. Eran grandes y llenas de granos y todas creciendo en el mismo tallo. Pero otro tallo tenía siete espigas que estaban secas y flacas. Las espigas flacas se comían a las grandes.

The same night the king had another dream. He was standing beside the Nile River. Suddenly, he saw seven fat, healthy cows come out of the grass along the river bank. Next, seven skinny cows came out of the river. Then the skinny cows ate the fat ones!

Aquella misma noche, el rey tuvo otro sueño. Estaba de pie junto al río Nilo. De repente, vio siete vacas gordas y saludables que habían salido a comer hierba junto al río. Luego vinieron siete vacas flacas y feas y las vacas flacas se comieron a las vacas gordas.

The king really wanted to find out the meaning of these strange dreams, but no one in his royal court was able to understand them. Then, the servant remembered Joseph, and he told the king about the man he had met in prison.

El rey quería saber lo que estos sueños tan extraños querían decir pero nadie en la corte real los podía entender. Entonces, el siervo se acordó de José y le dijo al rey sobre el hombre que había conocido en la cárcel.

Joseph was brought from prison so the king could tell him about his dreams. Joseph immediately understood the meaning of the king's dreams and explained them. "You have been dreaming about what will happen soon. The meaning is this: First, Egypt will have seven good years with plenty of food to eat. But then there will be seven very bad years when no food will grow at all."

José fue traído desde la cárcel para que le dijera al rey el significado de sus sueños. José entendió rápidamente lo que estos sueños querían decir y se los explicó. "Ha estado soñando sobre algo que va a suceder pronto. Este es el significado: Primero, Egipto tendrá siete años de mucha abundancia en la cosecha. Pero luego vendrán siete años malos donde habrá mucha hambre y no crecerá alimento".

Joseph suggested that the king build large barns, and during the seven good years, gather all the extra food and save it. Then, when the bad years came, there would be food for the people. The king liked Joseph's plan and put him in charge of storing as much food as possible during in the good years. Joseph was now a powerful leader in Egypt.

José le sugirió al rey que construyera unos graneros grandes y que durante los siete años buenos guardaran alimentos allí. Entonces cuando vinieran los siete años malos, tendrían suficiente alimentos para el pueblo. Al rey le gustó el plan de José y lo puso a cargo de guardar la mayor cantidad de comida posible durante estos años buenos. José ahora era un líder muy poderoso en Egipto.

Joseph's Brothers in Egypt
Los hermanos de José en Egipto

Genesis 42-45

Génesis 42-47

Exactly as Joseph had explained to the king, Egypt had seven years of good crops. Then the bad years came. But it was not only in Egypt that no food grew. Crops failed all over the world, and people began to starve. Soon, people in other countries learned that there was food in Egypt.

Exactamente como le había dicho José al rey, Egipto tuvo siete años de buenas cosechas. Luego vinieron los años malos. Pero no era nada más en Egipto que no crecían los alimentos. En todo el mundo, no había cosechas y la gente comenzó a pasar de hambre. Muy pronto, gente de otros países se enteraron que en Egipto había alimentos.

Back in Canaan, Joseph's father and brothers were hungry because they had no food. So, old father Jacob sent his sons to Egypt to buy grain. When the brothers arrived in Egypt, they had to meet with Joseph. They did not know he was their brother who they had sold into slavery many years before.

En Canaán, el padre y los hermanos de José tenían hambre pues no tenían alimentos. Entonces el viejito Jacob envió a sus hijos a Egipto a comprar granos. Cuando los hermanos llegaron a Egipto, tuvieron que encontrarse con José. Ellos no sabían que él era el hermano que ellos habían vendido como esclavo muchos años atrás.

When the brothers came before Joseph, they bowed down in deep respect. They could not recognize him since he was dressed up in his royal Egyptian clothes. Joseph recognized his brothers, but he did not reveal himself to them. He allowed them to buy as much grain as they needed.

Cuando los hermanos llegaron frente a José, se inclinaron ante el en señal de respeto. No lo reconocieron pues estaba vestido con las ropas reales de los egipcios. José sí reconoció a sus hermanos pero no les dijo quién era él. Les permitió comprar cuanto grano necesitaran.

Not long after that, the brothers had to travel to Egypt again to buy more grain. This time, Joseph asked them to bring the youngest brother, Benjamin, along on the journey.

Once again, the brothers all bowed down before Joseph. This was exactly the way Joseph had dreamed it would happen so many years earlier. And this time, Joseph could not keep back his happy tears when he saw his little brother, Benjamin.

Poco tiempo después, los hermanos regresaron a Egipto a comprar más grano. Esta vez, José les pidió que trajeran con ellos a su hermano menor, Benjamín, en el viaje.

Una vez más, los hermanos se inclinaron ante José. Fue exactamente en la misma forma en que José lo había soñado hacía muchos años antes. Y esta vez, José no puso evitar las lágrimas de emoción cuando vio a su hermano pequeño Benjamín.

Joseph said, "I am your brother that you sold as a slave. Don't be afraid of me. You did evil to me, but God has turned it into something good. Now I have become one of the most powerful men in Egypt."

José les dijo: "Soy el hermano que ustedes vendieron como esclavo. No me tengan miedo. Ustedes me hicieron mal pero Dios lo ha convertido en algo bueno. Ahora soy uno de los hombres más poderosos de Egipto".

Then Joseph hugged and kissed Benjamin and his other brothers and cried tears of happiness. Joseph said to them, "Go and bring our father back here to stay with us in Egypt so we can all live as one family again."

José abrazó y besó a Benjamín y a sus otros hermanos y lloraron lágrimas de alegría. José les dijo: "Vayan y traigan a nuestro padre para que se quede con nosotros en Egipto y vivamos todos como una familia otra vez".

When the king of Egypt heard that Joseph's father and brothers were coming, he gave them a wonderful piece of land in Egypt called Goshen. There, old father Jacob, his sons, and their families—who were called the Israelites—were faithful to God and lived long years with enough food for everyone.

Cuando el rey escuchó que el padre y los hermanos de José vendrían, les dio un pedazo de tierra en Egipto llamado Gosén. Allí, el viejito Jacob, sus hijos y sus familias—a los que llamaban israelitas—fueron fieles a Dios y vivieron largos años con suficiente alimento para todos.

Moses in the Basket
Moisés en la canasta

Exodus 1-2

Éxodo 1-2

Many years later, Joseph and his family had died, but their children still lived in the land of Goshen. Things did not go well for the Israelites after Joseph died, though. New kings, called pharaohs, did not like the Israelites and forced them to live as slaves in Egypt. They had to work hard and long days, and did not have much food. Yet, even in their hardship, they remained faithful to God.

Muchos años más tarde, José y su familia ya habían muerto pero sus hijos aún vivían en la tierra de Gosén. Las cosas no les fueron muy bien a los israelitas después que José falleció. A los nuevos reyes, llamados faraones, no les caían bien los israelitas y los forzaban a trabajar como esclavos en Egipto. Tenían que trabajar muy duro y no tenían mucho alimento. Aún así, a pesar de sus sufrimientos, se mantuvieron fieles a Dios.

The evil Pharaoh was afraid the Israelites would have so many children that they would outnumber the Egyptians and take over his kingdom. He then made a cruel and terrible decision that all the baby sons of the Israelite families must be killed. The Israelites were afraid of Pharaoh and prayed to God for help.

El malvado faraón tenía miedo que los israelitas tuvieran tantos niños que llegaran a ser más en número que los egipcios y tomaran control de su reino. Entonces tomó la muy terrible y cruel decisión que los bebés varones de todas las familias israelitas debían morir. Los israelitas tuvieron miedo del faraón y oraron a Dios pidiendo ayuda.

One Israelite mother wanted to protect her baby boy from Pharaoh's soldiers. She made a basket that could float like a boat. Then she put her baby in it and sent the basket out on the Nile River. She cried, and prayed that God would protect her little boy. She knew it would be up to God to save him.

Una madre israelita quería proteger a su hijo bebé de los soldados del faraón. Ella hizo una canasta que pudiera flotar como un barco. Luego colocó a su bebé en la canasta y lo llevó al río Nilo. Llorando, oró a Dios pidiéndole que protegiera a su pequeño niño. Ella sabía que dependía de Dios que se salvara.

The baby boy's sister, Miriam, hid in the weeds and watched the basket floating on the river. Then Miriam saw Pharaoh's daughter, the princess, coming down to the water for a bath. The princess saw the basket and found the baby inside. She liked the little boy and said, "I will take this baby back to the palace and raise him as my own."

María, la hermana del bebé, se escondió entre los arbustos y vio como la canasta flotaba en el río. Entonces María vio a la hija del faraón, la princesa, entrando al agua para bañarse. La princesa vio la canasta y encontró al bebé adentro. Ella se enamoró del pequeño niño y dijo: "Me voy a llevar a este niño al palacio y crecerá como si fuera mío".

"But how will I give this little baby food?" the princess wondered. Miriam, who was still watching from her hiding place, heard this and quickly ran up to the princess. "I know an Israelite woman who can feed him," Miriam said.

The princess thanked her for the offer of help and gave the little boy back to his sister. Miriam was happy as she went home with her little brother. Their mother could take care of him as long as he was very little. And when he was big enough, he was brought to the palace where he grew up.

"¿Pero cómo voy a amamantar a este niño?" se preguntó la princesa. María, que todavía estaba escuchando desde donde estaba escondida, cuando escuchó esto, corrió hacia donde la princesa. "Conozco una mujer israelita que lo puede amamantar" le dijo María.

La princesa le dio las gracias por ofrecerle ayuda y le dio el bebé a su hermana. María estaba feliz cuando regresó a su casa con su hermanito. Su madre podría cuidarlo mientras fuera pequeñito. Y cuando fuera lo suficientemente grande, sería llevado al palacio donde crecería.

Moses and the Burning Bush
Moisés y el arbusto en llamas

Exodus 3

Éxodo 3

The princess named the baby Moses. As Moses grew older, he learned that he was an Israelite. Moses was upset that his people were living as slaves in Egypt and were treated badly, so he tried to help some of his people. But this made Pharaoh very angry. Moses had to escape from Egypt to save his own life. He went to another country, where he lived for forty years taking care of sheep.

La princesa llamó al bebé "Moisés". Al crecer, Moisés supo que él era israelita. Moisés estaba disgustado porque su pueblo estaba viviendo como esclavos en Egipto y los trataban mal por lo que trató de ayudarlos. Pero esto enojó mucho al faraón y Moisés tuvo que escapar de Egipto para salvar su vida. Se fue a otro país, donde vivió durante 40 años cuidando ovejas.

One day, something happened to Moses that was of great importance for him and for the rest of the world. Near a mountain called Horeb, as he was watching his sheep graze, Moses suddenly saw a very strange bush on the mountain. The bush was on fire, but it did not burn up.

Un día, algo le sucedió a Moisés que fue de gran importancia para él y para el resto del mundo. Cerca de la montaña llamada Horeb, mientras cuidaba de las ovejas que comían yerba, Moisés vio de repente un arbusto extraño en la montaña. El arbusto estaba en llamas pero no se quemaba.

Moses climbed up the mountain to get a closer look at the bush. Just then, God called to him from inside the burning bush. God's voice came from the fire and said, "Don't come closer. Take off your shoes, because you are standing on holy ground." Moses did what God said, but he was very afraid.

Moisés subió a la montaña para ver el arbusto más de cerca. Fue entonces que Dios lo llamó desde el arbusto en llamas. La voz venía de adentro del arbusto y le dijo: "No te acerques. Quítate los zapatos porque estás parado en tierra santa". Moisés hizo lo que Dios le dijo pero tenía mucho miedo.

God said to Moses, "Don't be afraid, because I am with you. I have seen My people, the Israelites, suffering in Egypt and I have not forgotten them. Tell Pharaoh that the Israelites are My people and I want My people to leave Egypt. Moses, you must lead them out of Egypt."

Dios le dijo a Moisés: "No tengas miedo porque yo estoy contigo. He visto a mi pueblo, los israelitas, como sufren en Egipto y no me he olvidado de ellos. Dile al faraón que los israelitas son Mi pueblo y que quiero que Mi pueblo se vaya de Egipto. Moisés, tú debes guiarlos para salir de Egipto".

Moses was afraid to go back to Egypt. He said to God, "Who am I to go and say this to Pharaoh? I am just a shepherd, and I cannot lead the Israelites." But God said, "I will keep you safe. Take your walking stick and use it to perform miracles in Egypt. You will lead My people to Canaan, to the land that I promised to Abraham. Go now and I will be with you." Moses was still afraid, but he obeyed God and went back to Egypt.

Moisés tenía miedo de regresar a Egipto. Él le dijo a Dios: "¿Pero quién soy yo para ir delante del faraón? Yo soy solo un pastor de ovejas; yo no puedo dirigir a los israelitas". Pero Dios le dijo: "Yo te voy a proteger. Toma la vara que tienes en la mano y úsala para hacer milagros en Egipto. Dirigirás a mi pueblo a Canaán, la tierra que yo le prometí a Abraham. Vete ahora que yo estaré contigo". Moisés aún tenía miedo pero obedeció a Dios y regresó a Egipto.

The Ten Plagues
Las diez plagas

Exodus 6-12

Éxodo 6-12

Moses went to the palace. He stood before Pharaoh and said, "God wants His people to leave Egypt."

But Pharaoh answered, "No." And he commanded that the Israelites now had to work even harder.

Moisés fue al palacio. Fue frente al faraón y le dijo: "Dios quiere que su pueblo salga de Egipto".

Pero el faraón le respondió: "No". Y entonces ordenó que los israelitas trabajaran aún más duro.

God then told Moses, "I will show the Pharaoh My great power. Take your walking stick and throw it to the ground." Immediately, the walking stick turned into a snake. But Pharaoh laughed and said, "I am not impressed with your God. This is something our priests are able to do as well." And the Egyptian priests came and threw down their walking sticks, and their sticks immediately turned into snakes.

Entonces Dios le dijo a Moisés: "Le voy a mostrar al faraón Mi gran poder". Toma tu bastón y arrójalo al suelo. Inmediatamente, el bastón se convirtió en una serpiente. Pero el faraón se rió y le dijo: "Tu Dios no me impresiona. Esto es algo que nuestros sacerdotes también pueden hacer". Y los sacerdotes egipcios vinieron y tiraron sus bastones y todos se convirtieron en serpientes.

Because Pharaoh did not listen to Moses, God sent ten plagues over Egypt, each one worse than the one before. First, God turned the water in Egypt into blood. The river and ponds were all filled with blood. No one could find good water to drink.

But Pharaoh still would not let God's people go.

Ya que el faraón no escuchó a Moisés, Dios envió diez plagas sobre Egipto, cada una peor que la anterior. Primero, Dios convirtió el agua de Egipto en sangre. El río y los estanques se llenaron de sangre. Nadie podía encontrar agua para tomar.

Pero el faraón todavía no dejaba ir al pueblo de Dios.

Then, God covered the land with frogs. No one could walk without stepping on a frog. They entered into people's houses, their kitchens, and even their beds. Pharaoh called Moses and said, "I will let your people go. But first, take away the frogs." But just when God made the frogs go away, Pharaoh changed his mind and still would not let the people go.

Entonces, Dios cubrió la tierra de ranas. Nadie podía caminar sin pisar sobre una rana. Entraron en las casas de la gente, sus cocinas y hasta en sus camas. El faraón llamó a Moisés y le dijo: "Los dejaré ir. Pero primero, que se vayan las ranas". Pero cuando Dios hizo que las ranas se fueran, el faraón cambió de parecer y no permitió que el pueblo se fuera.

The third plague God sent was gnats that came out of the ground. Gnats were everywhere and came in big swarms. They bit people and they bit the animals, and no one could get away from them.

La tercera plaga que Dios envió fueron mosquitos que salían de la tierra. Los mosquitos estaban en todos lugares y venían en grandes enjambres. Picaban a las personas y a los animales y nadie podía escaparse de ellos.

Next, God sent swarms of flies over Egypt. All the houses were filled with flies. They covered everything. It was terrible for the Egyptians, and finally, Pharaoh promised Moses that the Israelites could leave if only the flies would go away. But again, just as God made the gnats and flies go away, Pharaoh broke his promise and still would not let the people leave.

Luego Dios envió enjambres de moscas sobre Egipto. Todas las casas estaban llenas de moscas y cubrían todo. Era terrible para los egipcios y finalmente el faraón le prometió a Moisés que los israelitas se podrían ir sólo si las moscas se iban. Pero otra vez, cuando Dios hizo que los mosquitos y las moscas se fueran, el faraón rompió su promesa y tampoco dejó ir al pueblo.

Each time Moses asked Pharaoh to let the Israelites leave, Pharaoh said no. So God said, "All of Egypt's farm animals will get sick." And so it happened. Many animals even died. But none of the Israelites' animals were sick. Still, the Pharaoh would not let them go.

Cada vez que Moisés le pedía al faraón que dejara que los israelitas se fueran de Egipto, el faraón decía que no. Entonces Dios le dijo: "Todos los animales de granja de Egipto se van a enfermar". Y así fue. Muchos de los animales hasta murieron. Pero ninguno de los animales de los israelitas se enfermó. Aún así, el faraón no dejaba que los israelitas se fueran.

The sixth plague God sent was sores. Painful sores covered the Egyptian people from the top of their heads to the bottom of their feet. People were hurting too much to stand up and had to stay in bed. But the stubborn Pharaoh still would not let God's people go.

La sexta plaga que Dios envió fueron las llagas. Llagas dolorosas cubrieron a los egipcios desde la cabeza hasta los pies. El pueblo tenía mucho dolor y no se podían poner de pie por lo que tenían que estar en cama. Pero el faraón terco aún así no dejaba que el pueblo de Dios se fuera.

Then, God sent a terrible storm to Egypt with huge hailstones that crushed every plant and all the crops in the fields. The hail was so big that it made holes in the roofs. This hailstorm continued all day long. Finally, Pharaoh realized it was wrong to disobey God. Pharaoh said that God's people could leave Egypt. But just like before, he changed his mind as soon as God made the plague stop.

Entonces Dios envió una tormenta terrible con enorme granizo que aplastó cada planta y las cosechas de los campos. El granizo era tan grande que hizo huecos en los techos. Esta tormenta de granizo continuó todo el día. Finalmente, el faraón se dio cuenta que desobedecer a Dios era malo. El faraón le dijo al pueblo de Dios que podía irse de Egipto. Pero igual que antes, cambió de opinión tan pronto Dios detuvo la plaga.

Because Pharaoh still would not let God's people leave Egypt, the Lord sent swarms of locusts all over the land. A single locust is not a problem, but when they come in swarms of millions, it is a terrible plague. The locusts ate every green plant that was still alive after the hailstorm. They ate all the fruits of the trees. Still, Pharaoh refused to let the Israelites leave Egypt.

Y como el faraón todavía no dejaba que el pueblo de Dios se fuera de Egipto, Dios envió en enjambre de saltamontes en toda la tierra. Un solo saltamontes no es un problema, pero cuando vienen en grupos de millones, es una plaga terrible. Los saltamontes comieron todas las plantas verdes que quedaron vivas después de la tormenta de granizo. Se comieron todas las frutas de los árboles. Y aún así, el faraón se rehusaba a dejar que los israelitas se fueran de Egipto.

So God covered Egypt with thick darkness. For three days it was dark, even at noon. Darkness is a nice thing at night when it's time to sleep, but it is terrible to live in darkness during the day. People could not leave home because they could not see anything. But Pharaoh still would not let the Israelites leave Egypt.

Entonces Dios cubrió a Egipto con una profunda oscuridad. Por tres días, estaba oscuro aún al mediodía. La oscuridad es buena a la hora de dormir, pero es terrible vivir en la oscuridad durante el día. La gente no podía salir de sus casas porque no veían nada. Pero el faraón todavía no dejaba que los israelitas se fueran de Egipto.

God then said to Moses, "Pharaoh will soon let My people leave Egypt. Therefore, go and tell them to get ready to leave." Moses did as God said, and the Israelites gathered their belongings and prepared to leave Egypt. The families gathered together and ate a big meal, which is called the Passover meal.

Dios entonces le dijo a Moisés: "El faraón pronto dejará que Mi pueblo salga de Egipto. Ve y diles que se preparen" Moisés hizo lo que Dios le dijo y los israelitas reunieron sus pertenencias y se prepararon para irse de Egipto. Las familias se reunieron y tuvieron una gran cena, la cual llamaron la cena de la Pascua.

On that same night, all the firstborn Egyptian boys began dying. Even Pharaoh's own son died. But none of the Israelite sons died.

This was the tenth plague God sent over Egypt, and it was by far the worst of them all. That night, Pharaoh called on Moses and finally said, "I have had enough. Take your people and go." The Israelites hurried to take everything they owned and they left Egypt.

Aquella misma noche, todos los hijos primeros varones de los egipcios comenzaron a morir. Hasta el hijo del faraón murió. Pero ninguno de los hijos de los israelitas murió.

Ésta fue la plaga número 10 que Dios envió sobre Egipto y fue la peor de todas. Esa noche, el faraón llamó a Moisés y le dijo finalmente, "Ya ha sido suficiente. Toma a tu gente y váyanse". Los israelitas se dieron prisa, tomaron sus pertenencias y se fueron de Egipto.

Crossing the Red Sea

Moses led the Israelites out of Egypt. During the day, God went ahead of His people in a thick cloud, and during the night, He went ahead of them in a pillar of fire. That way they could see that God was leading them at all times, whether it was day or night.

Cruzando el Mar Rojo

Éxodo 14

Moisés dirigió a los israelitas para salir de Egipto. Durante el día, Dios estaba frente del pueblo en forma de una nube y en la noche, estaba frente de ellos como una columna de fuego. De esa forma podían ver a Dios dirigiéndoles en todo momento, de día o de noche.

On their way, the Israelites came to the Red Sea, where they camped. But, once again, Pharaoh had changed his mind about letting them leave Egypt. So Pharaoh sent his army to bring the Israelites back.

The Israelites were trapped between the sea and the army. They were frightened, but Moses told them, "Don't be afraid. God will help us." God sent a strong wind that blew so hard that it pushed back the waters of the sea. A wide path opened right in front of them. The path led all the way to the other side of the sea.

De camino, los israelitas llegaron al Mar Rojo, donde acamparon. Pero una vez más, el faraón había cambiado de opinión acerca de dejarlos ir de Egipto y envió a su ejército para traerlos de regreso.

Los israelitas estaban atrapados entre el mar y el ejército. Tenían miedo pero Moisés les dijo: "No tengan miedo. Dios nos va a ayudar". Dios envió un viento que sopló tan fuerte que empujó las aguas del mar y abrió un camino ancho justo frente a ellos. El camino los llevaría al otro lado del mar.

The Israelites could now escape from Pharaoh's army. They took all their animals and belongings, and walked through the walls of water without even getting wet.

When Pharaoh's army reached the seashore, they also followed the path through the sea. But, just as the army marched through the middle of the sea, the wind that had been holding back the waters suddenly stopped. The water crashed back into place, and Pharaoh's whole army was washed away. God's people were safe on the other side. The Lord had saved His people from Pharaoh's army.

Los israelitas pudieron escapar del ejército del faraón. Tomaron todos sus animales y pertenencias y caminaron en medio de las paredes de agua sin mojarse.

Cuando el ejército del faraón llegó a la orilla del mar, también siguieron el camino en medio del mar. Pero justo cuando el ejército estaba marchando por el medio del mar, el viento que estaba deteniendo el agua se detuvo de repente. El agua volvió a su lugar y todo el ejército del faraón se hundió. El pueblo de Dios estaba seguro al otro lado. El Señor salvó a su pueblo del ejército del faraón.

God's Care for the People

The Israelites were now in a large desert where they journeyed from place to place. It was hot and hard to be in the desert, and the people complained to Moses that they did not have enough to eat. So God sent food to the people in a special way. Each morning, when the people woke up, they found pieces of sweet bread, called manna, lying on the ground. In the afternoon, God sent quail into the camp that the Israelites could easily catch and eat. The people were no longer hungry.

El cuidado de Dios para el pueblo

Éxodo 16-17

Los israelitas estaban ahora en un desierto muy grande donde viajaban de
un lugar a otro. Hacía mucho calor y era muy difícil estar en el desierto, y
la gente se quejaba con Moisés de que no tenían suficiente para comer.
Entonces, Dios envió alimento para el pueblo de una manera muy especial.
Cada mañana, cuando se despertaban, encontraban yaciendo en el suelo
pedazos de un pan dulce que se llamaba maná. Luego en la tarde, Dios
enviaba codornices al campamento, y los israelitas podían atraparlas
fácilmente y comer. Ya no tenían hambre.

Everywhere they went, the Israelites had enough to eat. But one day, they came to a place where there was no water to drink. The people again complained to Moses. "Give us something to drink," they said.

Los israelitas tenían suficiente para comer en todos los lugares a los que iban. Pero un día, llegaron a un lugar donde no había agua para tomar. La gente empezó a quejarse otra vez con Moisés. "Dios, dános algo para tomar," ellos decían.

Moses prayed to God. And God showed him a large rock and said, "Hit the rock with your walking stick." Moses did what God told him to. Immediately, tasty drinking water came rushing from the rock. Now the people could drink as much water as they wanted. Once again, God had taken care of His people.

Moisés oró a Dios. Y Dios le mostró una piedra grande y le dijo: "Golpea la piedra con tu bastón". Moisés hizo lo que Dios le dijo que hiciera e inmediatamente salió mucha agua sabrosa para tomar de la piedra. Ahora la gente podía tomar toda el agua que quisiera. Una vez más, Dios había cuidado de su pueblo.

The Ten Commandments

The Israelites continued their long journey in the big desert. One day, they arrived at the same mountain where Moses saw the burning bush many years before. They decided to put up their tents and camp there. When they looked up, they saw that a dark cloud covered the top of the mountain. Lightning flashed from the cloud, and loud thunder shook the earth. God was on the mountain.

Los diez mandamientos

Los israelitas continuaron su largo viaje en el enorme desierto. Un día, llegaron a la misma montaña donde Moisés había visto el árbol en llamas unos años atrás. Decidieron colocar allí sus tiendas de campaña y acampar. Cuando miraron hacia arriba, vieron una nube oscura que cubría el tope de la montaña. Salían relámpagos de la nube y un trueno muy fuerte sacudió la tierra. Dios estaba en la montaña.

Moses climbed up the mountain to talk to God. For forty days, Moses stayed on the mountaintop where God talked to him. God gave Moses laws and rules for His people to obey. God Himself carved these laws onto two large, flat stones. These laws are called the Ten Commandments. God's people live by these laws even today.

Moisés subió a la montaña para hablar con Dios. Estuvo en la montaña por 40 días y allí Dios le habló. Dios le dio leyes y reglas para que su pueblo las obedeciera. Dios mismo escribió esas leyes en dos grandes piedras lisas. Estas leyes se llaman Los Diez Mandamientos y el pueblo de Dios vive según esas leyes aún hasta el día de hoy.

Moses carried the Ten Commandments back to the camp and read them to the Israelites. Moses told them, "We are going to build a special place to worship God. It will be a large, beautiful tent called the 'tabernacle'."

They built the tabernacle in the very middle of the camp. The people made colorful curtains for it, and they decorated it with silver and gold. When the tabernacle was finished, a cloud appeared in the air just above the tabernacle. The Israelites knew that God was in the cloud!

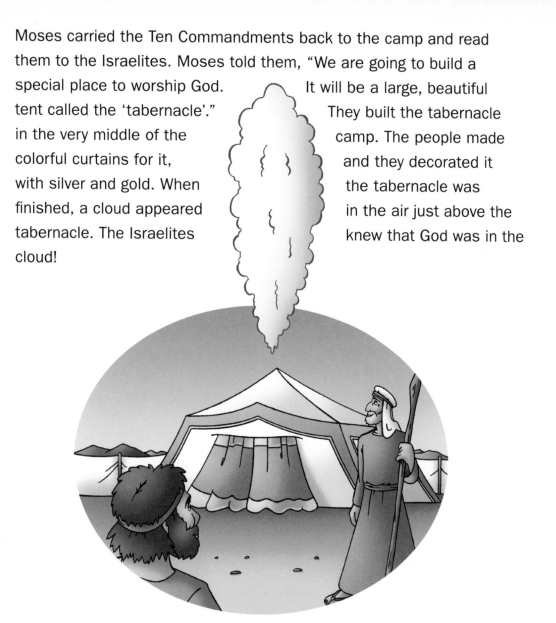

Moisés cargó Los Diez Mandamientos durante su regreso al campamento y se los leyó a los israelitas. Moisés les dijo: "Vamos a construir un lugar especial para adorar a Dios. Será una tienda grande y hermosa que se llamará "tabernáculo".

Construyeron el tabernáculo en el mismo centro del campamento. Hicieron cortinas con muchos colores y lo decoraron con oro y plata. Cuando el tabernáculo estuvo terminado, una nube apareció en el aire justo por encima del tabernáculo. ¡Y los israelitas supieron que Dios estaba en la nube!

Twelve Spies
Doce espías

After many months of travel in the wilderness, the Israelites came to the edge of Canaan, the land God had promised to Abraham, Isaac, and Jacob so many years before.

Now God said to Moses, "Send some men into the country to see what it is like." Moses picked twelve men and instructed them to go and find out if the land was a good place to live and to see if the armies of the people there were strong.

Luego de muchos meses de viajar en el desierto, los israelitas llegaron al borde de Canaán, la tierra que Dios le había prometido a Abraham, Isaac y Jacob muchos años atrás.

Ahora Dios le dijo a Moisés: "Envía algunos hombres al país para que vean cómo es". Moisés escogió doce hombres y les dio instrucciones de ir a ver si la tierra era un buen lugar para vivir y si los ejércitos del pueblo eran fuertes.

After some time, the twelve spies returned to the camp. They said, "It is a wonderful land, but we cannot enter Canaan. The people there are giants and are mighty warriors." When the Israelite people heard these words, they were afraid.

Después de un tiempo, los doce espías regresaron al campamento y dijeron: "Es una tierra maravillosa pero no podemos entrar a Canaán porque la gente de allí son gigantes y guerreros poderosos". Cuando los israelitas escucharon esto, sintieron miedo.

But two of the men, Joshua and Caleb, said, "Don't be afraid. God is with us and will help us." The Israelites were still afraid and did not want to listen to them. Then God got angry with the Israelites because they would not trust Him to help them. God said, "Because you are afraid and don't trust in Me, I will not give you the land right now. Instead, you will have to stay in the desert for another forty years."

Pero dos de estos hombres, Josué y Caleb, dijeron: "No tengan miedo. Dios estará con nosotros y nos ayudará". Los israelitas aún tenían miedo y no querían escucharlos. Entonces Dios se enojó con ellos porque no confiaban en que Él los ayudaría. Dios les dijo: "Como ustedes tienen miedo y no confían en mí, yo no les voy a dar la tierra prometida ahora. Van a tener que quedarse en el desierto por cuarenta años más".

The Walls of Jericho
Las murallas de Jericó

Joshua 1-6

Josué 1-6

Almost forty years later, the time came when God decided the Israelites would finally enter Canaan. Moses was now an old man, and he knew he would not be able to lead the people the rest of the way into the Promised Land. So Moses chose Joshua to become the new leader of the Israelite people. Joshua led the people into the land of Canaan, the land God had promised them.

Casi cuarenta años más tarde, llegó el momento en que Dios decidió que los israelitas entrarían finalmente en Canaán. Moisés era ahora anciano y sabía que ya no podría dirigir al pueblo en el resto del camino a la tierra prometida. Entonces, Moisés escogió a Josué para que fuera el nuevo líder del pueblo israelita. Josué dirigió al pueblo a entrar en la tierra de Canaán, la tierra que Dios les había prometido.

Then, the Israelites came to the big city of Jericho. A high, thick wall surrounded the city. Joshua sent two spies into the city to look at everything. When the king of Jericho learned about the spies, he sent his soldiers to catch them, so the spies had to hide. They found a safe place to hide in a house that belonged to a woman named Rahab.

Los israelitas llegaron a la gran ciudad de Jericó. Una muralla muy alta y gruesa rodeaba la ciudad. Josué envió dos espías a la ciudad a revisar todo. Cuando el rey de Jericó supo sobre los espías, envió a sus soldados para atraparlos. Los espías tuvieron que esconderse. Encontraron un lugar seguro para esconderse en una casa que pertenecía a una señora de nombre Rahab.

Rahab's house was built right into the city walls. Anyone inside the house could look out the windows, through the city walls, to the outside. The two Israelite spies were able to escape through those windows by climbing down a rope. They thanked Rahab for all her help, and they promised to help her later. Then, the spies went back to tell Joshua about everything they saw in Jericho.

La casa de Raab estaba construída en la misma muralla de la ciudad. Quien estuviera dentro de la casa podía mirar por la ventana hacia afuera, a través de las murallas de la ciudad. Los dos espías israelitas pudieron escapar por esas mismas ventanas bajando con una cuerda. Le dieron las gracias a Rahab por toda su ayuda y le prometieron ayudarla más adelante. Entonces los espías regresaron a contarle a Josué todo lo que habían visto en Jericó.

From outside the city of Jericho, Joshua could see how thick and strong the city walls were. But he was not worried, because God had already told him how to conquer the city. Joshua commanded his army and the Israelite priests to march around the city every day for the next six days. As they marched, the soldiers of Jericho looked down at them from their safe places on top of the walls. The soldiers laughed at the Israelites and thought they were very silly.

Desde la parte de afuera de la ciudad, Josué podía ver lo gruesas y fuertes que eran las murallas de la ciudad. Pero, como Dios ya le había dicho cómo conquistar la ciudad, él no estaba preocupado. Josué le ordenó a su ejército y a los sacerdotes israelitas marchar alrededor de la ciudad todos los días por los próximos seis días. Mientras lo hacían, los soldados de Jericó los miraban desde su lugar seguro en lo alto de las murallas. Los soldados se reían de los israelitas y pensaban que lo que estaban haciendo era muy tonto.

Then, on the seventh day, God told the Israelite priests to blow their trumpets. At the same time, the people in the army shouted as loud as they could. And all at once, the city walls of Jericho tumbled down, and the Israelites easily captured the city. The two Israelite spies ran to Rahab's house. Because she had helped them escape earlier, the spies protected her and her family from harm when the Israelites took over Jericho. Finally, after all these many years of wandering around in the desert, the Israelites had gotten their own land. God kept the promise He had made to Abraham so many years before.

Entonces, al séptimo día, Dios le dijo a los sacerdotes israelitas que tocaran sus trompetas. Al mismo tiempo, y ocurriendo todo a la vez, los que estaban en el ejército gritaban tan fuerte como podían, las murallas de Jericó se derrumbaban y los israelitas capturaban la ciudad. Los dos espías israelitas corrieron hacia la casa de Rahab. Como ella los había ayudado a escapar antes, ellos la protegieron del peligro cuando los israelitas tomaron Jericó. Finalmente, luego de muchos años de caminar sin rumbo en el desierto, los israelitas habían recibido su propia tierra. Dios cumplió la promesa que le había hecho a Abraham muchos años antes.

Gideon and The Wet Wool
Gedeón y la lana mojada

Judges 6

Jueces 6

Like Moses, Joshua was a good leader of
the Israelite people. He knew that their lives
depended on their willingness to listen to God.
But after Joshua died, the Israelites forgot about
God. Armies from other nations came into their
land and stole their food and animals. Every time
this happened, the Israelites would remember
about God's protection. They prayed to Him for
forgiveness, and God would have mercy and help
them. God wanted His people to call upon Him.
He sent them leaders who had great courage and
faith. These leaders were called "judges," and one
of them was Gideon.

Al igual que Moisés, Josué era un buen líder para los
israelitas y sabía que sus vidas dependían de que
estuvieran dispuestos a escuchar a Dios. Pero luego
que Josué muriera, los israelitas se olvidaron de
Dios. Ejércitos de otros países llegaron a sus tierras
y robaron todos los alimentos y los animales. Cada
vez que esto pasaba, los israelitas se acordaban de
la protección de Dios. Oraban a Él pidiendo perdón y
Dios tenía misericordia de ellos y los ayudaba.
Dios quería que su pueblo lo buscara. Les envió
líderes que tenían mucho valor y fe. Estos líderes
se llamaban "jueces" y uno de ellos era Gedeón.

At first, Gideon was afraid of the job God wanted him to do. Gideon said to God, "Show me that You really want me to be a leader of Your people. Give me a sign to prove it." Gideon then put a piece of wool on the ground and said to God, "Tonight, while I sleep, make this wool wet with dew. But keep the ground dry." And in the morning, when Gideon went out to see the wool, it was wet and the ground was dry. This was exactly as Gideon had asked it to be.

Al principio, Gedeón tenía miedo de la tarea que Dios quería que él hiciera. Gedeón le dijo a Dios: "Muéstrame que Tú de verdad quieres que sea un líder para mi pueblo. Dame una señal como prueba". Entonces Gedeón colocó un pedazo de lana en el suelo y le dijo a Dios: "Esta noche mientras esté durmiendo, haz que este pedazo de lana se moje con el rocío pero que la tierra esté seca". Y en la mañana, cuando Gedeón salió a ver, la lana estaba mojada pero la tierra estaba seca. Esto era exactamente lo que Gedeón había pedido.

Gideon was still afraid, so the next night he put the wool out again. This time, he said to God, "Lord, I am very sorry, but I need another sign from You. In the morning, let the wool be dry but cover the ground with dew." When he woke up the next morning, the wool was dry, but everywhere else the ground was wet with dew. Now Gideon knew for sure that God wanted him to be a leader and judge in Israel.

Gedeón aún tenía temor y a la noche siguiente volvió a colocar el pedazo de lana afuera. Esta vez le dijo a Dios: "Dios, perdóname pero necesito otra señal tuya. En la mañana, permite que el pedazo de lana esté seco pero todo el suelo esté mojado con el rocío". Cuando se levantó la mañana siguiente, la lana estaba seca pero todo el suelo estaba mojado por el rocío. Ahora Gedeón estaba seguro que Dios quería que él fuera el líder y juez de Israel.

Gideon's 300 Men
Los 300 hombres de Gedeón

Gideon prepared for war against the Midianites. He gathered as many soldiers as he could, because he wanted to be sure to defeat the mighty Midianite army. Many thousands of men came to be in Gideon's army. But God told Gideon that the army was too big and he would have to send most of them back home. Gideon ended up with a small army of only three hundred men. But God assured Gideon that it was enough to win the battle.

Gedeón se preparó para la batalla contra los madianitas. Reunió tantos soldados como pudo porque quería estar seguro de ganarle al poderoso ejército madianita. Miles de hombres fueron para ser parte del ejército de Gedeón. Pero Dios le dijo que el ejército era demasiado grande y que tendría que enviar a muchos de los hombres de regreso a su casa. Gedeón terminó con un ejército pequeño de solo 300 hombres. Pero Dios le aseguró a Gedeón que eran suficientes para ganar la batalla.

God had a very smart plan for how only three hundred Israelites would defeat the large army of the Midianites. God explained to Gideon that each soldier must carry a torch, a clay pot, and a horn. Gideon instructed his men to light their torches, but to cover them with the clay pots to hide the light. In this way, they could sneak into the Midianites' camp without being seen.

Dios tenía un plan muy inteligente para que, con nada más 300 hombres israelitas derrotaran al ejército de los madianitas. Dios le explicó a Gedeón que cada soldado debía cargar una antorcha, una vasija de barro y una trompeta. Gedeón les dio instrucciones a los hombres para que encendieran sus antochas pero que las cubrieran con las vasijas de barro para esconder la luz. De esta forma, podían escabullirse en el campamento de los madianitas sin que nadie los viera.

Gideon had the men stand on the hill-tops around the Midianite camp. Then, on Gideon's signal, every man smashed his clay pot and blew his horn. The loud noise woke the Midianites from their sleep. When they heard the loud noise of the trumpets blowing and saw the lights on the hill tops, it looked and sounded like they were surrounded by a large army. They thought there was no escape.

Gedeón hizo que los hombres se subieran al tope de las montañas alrededor del campamento madianita. Entonces, a la señal de Gedeón, cada hombre rompió su vasija de barro y sopló la trompeta. El ruido fuerte despertó a los madianitas que estaban durmiendo. Cuando escucharon el ruido tan fuerte de las trompetas sonando y vieron las luces en lo alto de las montañas, parecía y se escuchaba como si estuviesen rodeados por un ejército enorme. Pensaron que no había forma de escapar.

The Midianites ran out of their tents to try to get away. But in the darkness, they ran into one another. This made them think their enemy was in their camp, so they started fighting one another in the darkness. The Midianites destroyed themselves. In this way, God gave Gideon and his three hundred men a great victory over a much larger army.

Los madianitas corrieron para salir de sus tiendas de campaña tratando de escapar. Pero en la oscuridad, se chocaban unos con otros. Esto los hizo pensar que sus enemigos estaban en su campamento por lo que empezaron a pelear entre ellos en la oscuridad. Los madianitas se destrozaron los unos a los otros. De esta forma, Dios les dio a Gedeón y a sus 300 hombres una gran victoria sobre un ejército mucho más grande.

Samson the Super Strong
Sansón, el super fuerte

Years later, after Gideon died, God sent a new judge and leader to Israel. His name was Samson. God told Samson that he must never cut his hair. God said, "If you do not cut your hair, I will make you stronger than any other man on earth." Samson obeyed God. His hair grew until it was very long and his beard grew until it was big and flowing.

Años más tarde, luego que Gedeón muriera, Dios envió un nuevo juez y líder para Israel. Dios le dijo a Sansón que nunca debía cortarse el cabello. Dios le dijo: "Si no te cortas el cabello, te voy a hacer más fuerte que cualquier otro hombre en la tierra". Sansón obedeció a Dios. Su cabello creció hasta que estaba muy, muy largo y su barba creció hasta que estaba muy larga y abultada.

Even as a young man, Samson was super strong, just as God said he would be. Once, Samson was attacked by a big, strong lion, but he was so strong that Samson easily killed the lion with his bare hands.

Aún cuando joven, Sansón era super fuerte, tal como Dios dijo que sería. Una vez, Sansón fue atacado por un león enorme y feroz pero él era tan fuerte que pudo matar al león fácilmente nada más con sus manos.

The people of Israel had many disagreements with their neighbors, especially the Philistines. One night, Samson was in a city called Gaza. The city was surrounded by a tall, thick wall and had big, heavy gates for protection. When the Philistines found out that Samson was in the city, they decided to try to catch him. So they blocked the gates from the outside to trap Samson inside the city walls. But Samson easily tore the gates off of the walls, put them on his back, and carried them away. The Philistines were shocked at how strong Samson was.

El pueblo de Israel había tenido muchos desacuerdos con sus vecinos, especialmente con los filisteos. Una noche, Sansón estaba en una ciudad llamada Gaza. La ciudad estaba rodeada por una muralla muy alta y ancha y tenía portones pesados para su protección. Cuando los filisteos supieron que Sansón estaba en la ciudad, decidieron que tratarían de atraparlo. Entonces bloquearon los portones de salida para atrapar a Sansón dentro de las murallas de la ciudad. Pero Sansón pudo muy fácilmente arrancar los portones de las paredes y cargarlos en su espalda y llevárselos. Los filisteos estaban muy asombrados de lo fuerte que era Sansón.

A beautiful woman named Delilah lived in Gaza, and Samson fell in love with her. The Philistines threatened Delilah. They made her find out the secret of Samson's strength. Delilah was afraid of the Philistines, so she begged Samson to tell her his secret. Two times she asked, and Samson would not tell her. But the third time she asked him to tell her the secret of his strength, Delilah cried. Samson felt sorry for her, and he said, "If my hair is cut off, I will lose my strength and become as weak as any man." So while he was sleeping, Delilah had Samson's hair cut off. Immediately, Samson's strength left him.

Había una mujer hermosa llamada Dalila que vivía en Gaza de la cual Sansón se enamoró. Los filisteos amenazaron a Dalila. La obligaron a investigar el secreto de la fuerza de Sansón. Dalila le tenía miedo a los filisteos por lo que le rogó que le dijera su secreto. Las dos veces que le preguntó, Sansón no le quiso decir. Pero la tercera vez que le preguntó el secreto de su fuerza, Dalila lo hizo llorando. Sansón sintió lástima por ella y le dijo: "Si me corto el cabello, perderé mi fuerza y seré tan débil como cualquier hombre". Entonces, mientras él estaba durmiendo, Dalila hizo que alguien le cortara el cabello. Inmediatamente, la fuerza de Sansón lo abandonó.

Now that Samson's strength was gone, his enemies, the Philistines, could easily catch him. They tied him up and threw him in prison. They were afraid he would escape, so they blinded him too. In prison, Samson was forced to work very hard by pushing a big heavy stone to grind grain.

Ahora que la fuerza de Sansón se había ido, sus enemigos los filisteos pudieron atraparlo fácilmente. Lo ataron y lo llevaron a la cárcel. Tenían miedo de que se escapara de la prisión por lo que hicieron que se quedara ciego. En la cárcel, Sansón fue forzado a trabajar muy duro empujando una piedra enorme y pesada para moler granos.

One day, the Philistines held a big party to worship their god, Dagon. More than three thousand people were at the party. As they drank, they had the wicked idea of making fun of Samson, so they brought him up from the prison. As the guards chained him between the pillars of the building, people laughed and spat at blind Samson. He had been in prison long enough that much of his hair had grown back. As the Philistines continued their party, Samson prayed his last prayer to God. He said, "God, please give me back my strength just this one more time." God made him strong again. Samson pushed as hard as he could. The pillars fell and the roof came crashing down on the wicked Philistines. No one in the big building escaped.

Un día, los filisteos tuvieron una gran fiesta para adorar a su dios de nombre Dagón. Más de 3,000 personas fueron a la fiesta. Mientras estaban tomando alcohol, tuvieron la idea malvada de burlarse de Sansón así que lo trajeron de la prisión. Los guardias lo ataron con cadenas entre los pilares del edificio mientras la gente se burlaba y se reía de Sansón que estaba ciego.

Había estado tanto tiempo en la cárcel que mucho de su cabello había vuelto a crecer. Mientras los filisteos continuaron su fiesta, Sansón hizo una última oración a Dios. Le dijo: "Dios, por favor, dame otra vez mi fuerza sólo una vez más". Dios lo hizo fuerte de nuevo.

Samuel – The Boy Who Listened to God
Samuel, el niño que escuchaba a Dios

1 Samuel 1-3

1 Samuel 1-3

Israel's next great leader was Samuel. But years before Samuel was born, when his mother, Hannah, had no children, she prayed to God that she would have a baby. Years passed, and one day Hannah made a promise to God. "If I have a son," she said, "he will be Your special servant all of his life." God answered Hannah's prayer, and Samuel was born.

El siguiente gran líder de Israel fue Samuel. Pero años antes que Samuel naciera, cuando su mamá Ana aún no tenía niños, ella oró a Dios pidiéndole tener un bebé. Pasaron los años y un día, Ana le hizo una promesa a Dios. "Si tengo un hijo", le dijo, "él sera tu siervo especial toda su vida". Y Dios contestó la oración de Ana y nació Samuel.

When Samuel was still a very young boy, Hannah kept her promise to God. She took Samuel to a priest named Eli. She told Eli, "I want Samuel to grow up working in the temple with you. It is a promise I made to God before Samuel was born, and now I want to keep my promise." Then Eli began to take care of Samuel.

Hannah visited Samuel in the temple every year, and every year she brought him a new coat. Eli, the priest, loved Samuel dearly and treated him like he was his own son. Eli told Samuel all about God, and he also taught him everything about being a servant in God's temple.

Cuando Samuel aún era un niño, Ana cumplió la promesa que le hizo a Dios. Ella llevó a Samuel ante un sacerdote llamado Elí. Ella le dijo a Elí: "Quiero que Samuel crezca trabajando en el templo contigo. Es una promesa que le hice a Dios antes de que Samuel naciera y ahora quiero cumplir esa promesa". Entonces Elí comenzó a cuidar de Samuel.

Ana visitaba a Samuel en el templo todos los días y cada año le llevaba un abrigo nuevo. Elí, el sacerdote, amaba a Samuel mucho y lo trataba como si fuera su propio hijo. Elí le contó a Samuel todo sobre Dios y también le enseñó a ser un siervo de Dios en el templo.

Years went by, and Samuel was now about thirteen years old. One night, while he was sleeping in the temple, Samuel heard a voice. The voice was calling his name. "Samuel! Samuel!"

Pasaron varios años y cuando Samuel tenía 13 años, una noche mientras dormía en el templo, Samuel escuchó una voz. La voz estaba llamando su nombre: "¡Samuel! ¡Samuel!"

Samuel thought it was Eli calling to him from his room. He ran to Eli. "Did you call me?" Samuel asked. But Eli had not called him, so Samuel went back to bed.

Samuel pensó que Elí lo estaba llamando desde su habitación y corrió hacia donde estaba Elí. ¿Me llamaste?, preguntó Samuel. Pero Elí no lo había llamado por lo que Samuel regresó a su cama.

Then the voice called a second time. "Samuel! Samuel!" Once more Samuel ran to Eli. And again Eli said, "I did not call you. Go back to bed." Samuel heard the voice a third time, and again he went to Eli. Now Eli realized it was not just something Samuel was dreaming. Eli said, "I think God is speaking to you. The next time you hear the voice, say, 'Speak, Lord. I am your servant and I am listening.' "

Entonces la voz llamó por segunda vez: "¡Samuel! ¡Samuel!" Una vez más Samuel corrió hacia donde estaba Elí. Y de nuevo Elí le dijo: "Yo no te he llamado. Regresa a tu cama". Samuel escuchó la voz por tercera vez y de nuevo fue donde Elí. Entonces Elí se dio cuenta de que no era un sueño de Samuel. Elí le dijo: "Creo que Dios te está hablando. La próxima vez que escuches la voz, dile 'Habla, Señor que tu siervo escucha'".

Samuel went back to bed. A little later, he heard the voice again. This time, Samuel said, "Speak, Lord. I am Your servant. I am ready to listen." From that night on, God often spoke to young Samuel. When people learned that Samuel talked with God, they came to him for advice. He became a prophet when he was still just a boy because God spoke to him about things that were to happen. Later, when Samuel was a young man, he became the leader of the Israelite people.

Samuel regresó a su cama. Un poco más tarde, escuchó la voz de nuevo. Esta vez, Samuel dijo: 'Habla, Señor que tu siervo escucha'". Desde esa noche, Dios le habló al joven Samuel. Cuando la gente supo que Samuel hablaba con Dios, venían delante de él pidiendo consejo. Se convirtió en profeta cuando todavía era un jovencito porque Dios le hablaba sobre cosas que iban a pasar. Más tarde, cuando Samuel era un hombre joven, se convirtió en el líder del pueblo israelita.

David and Goliath
David y Goliat

1 Samuel 17

1 Samuel 17

Samuel was the leader in Israel for many years, and he taught people to follow God. But as he grew older, the Israelites demanded to have a new leader. They wanted the kind of king many other nations had. So the people demanded that Samuel find someone to be king and to lead Israel.

Samuel fue el líder en Israel por muchos años y le enseñó al pueblo a seguir a Dios. Pero cuando se estaba poniedo viejito, los israelitas demandaron tener un nuevo líder. Querían tener un rey como tenían muchas de las otras naciones. El pueblo entonces demandó a Samuel que encontrara una persona que fuera rey y dirigiera a Israel.

Samuel found the king God had chosen for the people of Israel. He was an impressive man named Saul. He was taller than everyone else, and he was a strong warrior. The people of Israel believed that Saul would be a great king for them. They especially wanted him to defeat their worst enemy, the Philistines.

Samuel encontró al rey que Dios había escogido para el pueblo de Israel. Era un hombre impresionante llamado Saúl. Era más alto que los demás y un guerrero fuerte. El pueblo de Israel creyó que Saúl sería un gran rey para ellos. Ellos especialmente querían que él derrotara a su peor enemigo: los filisteos.

In the army of the Philistines was a giant named Goliath, who was more than nine feet tall. Goliath was mean. He made fun of the Israelites, and he made fun of God. Every day, Goliath stood near Saul's army and dared someone to fight him. "Come and fight me, if you are brave enough," Goliath shouted. But all of Israel's soldiers were afraid of him because he was so big and strong and mean. And no one was willing to fight him.

En el ejército de los filisteos había un gigante llamado Goliat, quien medía más de 9 pies de altura. Goliat era malo. Se burlaba de los israelitas y de Dios. Todos los días, Goliat se paraba cerca del ejército de Saúl y los desafiaba a que alguien luchara contra él. "Vengan a pelear conmigo si son tan valientes", gritaba Goliat. Pero todos los soldados israelitas le tenían miedo porque era tan grande y fuerte y malvado. Y nadie estaba dispuesto a pelear con él.

Then, one day, a young boy named David came to the Israelite camp to visit his brothers, who were soldiers in the army. David was a shepherd (in Israel, it was a normal thing for boys to take care of the family's sheep). As he visited with his brothers, David could see how all the soldiers in the Israelite army were afraid of Goliath. But David was not afraid.

Entonces un día, un niño de nombre David llegó al campamento de los israelitas a visitar a sus hermanos que eran soldados en el ejército. David era un pastor de ovejas. (En Israel era normal que los niños cuidaran de las ovejas de la familia.) Mientras visitaba a sus hermanos, David podía ver cómo todos los soldados del ejército israelita le tenían miedo a Goliat. Pero David no le tenía miedo.

David went to King Saul and said, "I am not afraid of Goliath. I will fight him." But Saul said, "You are just a little boy. How can you defeat the giant?" David replied, "With God's help. I have killed lions and bears who tried to steal my sheep. God will also help me fight Goliath."

David fue ante el Rey Saúl y le dijo: "Yo no tengo miedo de Goliat. Yo lucharé contra él". Pero Saúl le dijo: "Tú eres sólo un niño. ¿Cómo vas a poder vencer al gigante?" David respondió: "Con la ayuda de Dios. He matado leones y osos que han tratado de robarme a mis ovejas. Dios también me ayudará a pelear contra Goliat".

When Saul heard these brave words, he gave David his own sword and dressed him with his helmet and armor. But the helmet and armor were much too heavy for little David to wear, so he gave them back to Saul.

Cuando Saúl escuchó estas palabras, le dio a David su espada y lo vistió con una armadura y un casco. Pero el casco y la armadura eran demasiado pesados para el pequeño David por lo que se los quitó y se los devolvió a Saúl.

Instead, David chose five smooth stones from the ground. He put one stone in his sling. Then he went right up to Goliath and shouted, "You fight me with your sword, your spear, and all your strength. But I will fight with the strength God will give me." David ran toward Goliath, swinging the sling around and around.

En lugar de esto, David tomó cinco piedras lisas del suelo. Puso una piedra en su honda. Fue directo donde Goliat y le gritó: "Tú peleas contra mí con tu espada, tu lanza y toda tu fuerza. Pero yo lucho contra ti con la fuerza que Dios me da". David corrió hacia Goliat, oscilando su honda.

David let the stone fly, and it hit Goliath right above his eyes in the forehead! The giant fell down to the ground. David ran up to him, grabbed Goliath's own sword, and cut off his head. The wicked Goliath was defeated.

David dejó que la piedra volara y le pegó a Goliat justo entre los ojos en la frente. El gigante se cayó al suelo. David corrió hacia él, le quitó la espada y le cortó la cabeza. El malvado Goliat fue derrotado.

The Philistines never expected their army to be defeated, especially by a little boy. They were so surprised that all the Philistine soldiers ran away. But everyone in Israel was excited, and they celebrated that God had made it possible for a shepherd boy to defeat the mighty giant. David became a famous hero in Israel.

Los filisteos jamás pensaron que su ejército sería derrotado, especialmente por un niño pequeño. Estaban tan sorprendidos que los soldados filisteos huyeron. Pero todos en Israel estaban emocionados y celebraron que Dios hizo possible que un niño pastor derrotara al poderoso gigante. David se convirtió en un héroe famoso en Israel.

Saul and David
Saúl y David

1 Samuel 18-24

1 Samuel 18:24

Years later, when David was a man, he became a leader in the Israelite army. He won many battles, and people said, "David is a greater warrior than Saul." These words made King Saul very jealous. Secretly he began looking for ways to kill David. One day, while they had dinner together, Saul threw his spear at David.

Años más tarde, cuando David era un adulto, se convirtió en líder del ejército israelita. Ganó muchas batallas y la gente decía: "David es un mejor guerrero que Saúl". Estas palabras hacían que el Rey Saúl se sintiera muy celoso. En secreto, empezó a buscar formas de matar a David. Un día, mientras cenaban juntos, Saúl le lanzó su lanza a David.

173

The spear missed, but David had to run for his life. David and his friend Jonathan ran all the way to the mountains. Saul and his soldiers followed David because the angry king wanted to find him and kill him.

La lanza no lo tocó, pero David tuvo que huir por su vida. David y su amigo Jonatán, corrieron hasta las montañas. Saúl y sus soldados siguieron a David porque el rey furioso quería encontrarlo y matarlo.

David and his friends hid inside a cave. Saul had followed, but he did not see where David and his friends went. Saul and his men camped for the night at the entrance of the same cave where David was hiding. While they were asleep, David and his men went out of the cave and snuck up on them.

David y sus amigos se escondieron dentro de una cueva. Saúl los había seguido pero no vio hacia dónde habían ido. Saúl y sus hombres acamparon esa noche en la entrada de la misma cueva donde David se estaba escondiendo. Mientras dormían, David y sus hombres salieron de la cueva y pudieron pasar sin que ellos los vieran.

Saul had fallen into a deep sleep, with his spear right beside him. David's men said, "Look! Here is your chance to kill Saul and take over." But David did not want to kill Saul. He said, "God made Saul king. It would be wrong to kill him." Instead, David cut off a piece of Saul's coat and snuck away without waking up anyone.

Saúl se había dormido profundamente, con su lanza justo a su lado. Los hombres de David dijeron: "¡Mira! Ésta es tu oportunidad de matar a Saúl y tomar el mando". Pero David no quería matar a Saúl. Él dijo: "Dios hizo a Saúl rey. No es correcto matarlo". Sin embargo, David le cortó un pedazo de la capa de Saúl y se fue sin despertar a nadie.

Early the next morning, David stood on top of a hill and called out to
Saul. He held up the piece of Saul's coat he had cut off and said, "Do
you see that I could have killed you last night if I wanted to? But I did
not harm you at all. You have nothing to fear from me. So why are you
trying to kill me?" And Saul said, "You are right, David. You have been
kind to me and spared my life." Saul and his soldiers went back home.
But in his heart, Saul still hated David.

Temprano a la mañana siguiente, David se fue a lo alto de una loma y llamó
a Saúl. Sostuvo hacia arriba el pedazo de la capa que había cortado y dijo:
"¿Ves que pude haberte matado anoche si hubiera querido? Pero no te hice
daño. No tienes que tenerme miedo. Entonces, ¿por qué tú estás tratando de
matarme a mí?". Y Saúl le dijo: "Tienes razón, David. Tú has sido generoso
conmigo y has perdonado mi vida". Saúl y sus soldados regresaron a su casa.
Pero en su corazón, Saúl todavía odiaba a David.

When Saul died, people made David their new king. David was a great king. He built a great kingdom and defeated Israel's many enemies. He captured the city of Jerusalem and built his big palace there. David was a good king because he listened to God and tried to obey Him. David was skilled with many things. He was a great warrior, but also a great poet and musician. David played the harp and wrote many songs, called psalms, about God's love and about trusting God during difficult times.

Cuando Saúl murió, el pueblo convirtió a David en su nuevo rey. David fue un gran rey. Construyó un gran reino y derrotó a muchos enemigos de Israel. Capturó la ciudad de Jerusalén y construyó allí su gran palacio. David era un buen rey porque escuchaba a Dios y trataba de obedecerlo. David tenía habilidades para muchas cosas. Era un gran guerrero pero también era un gran poeta y músico. David tocaba el arpa y escribió muchas canciones, llamadas salmos, sobre el amor de Dios y sobre confiar en Dios es tiempos difíciles.

Solomon, The Wise King
Salomón, el rey sabio

1 Kings 2-10

1 Reyes 2-10

After David died, his son, Solomon, became king. Solomon prayed to God to give him wisdom so he could be a good king and rule wisely. Solomon was so wise that people from many other countries heard of his wisdom. People from faraway places came to meet him and listen to him.

Después que David murió, su hijo Salomón se convirtió en rey. Salomón oró a Dios y le pidió que le diera sabiduría para poder ser un buen rey y reinar sabiamente. Salomón era tan sabio que gente de muchos países habían escuchado sobre su sabiduría. Gente de lugares lejanos venían a él y lo escuchaban.

179

God also made Solomon very rich. He had more wealth than any other
king who ever ruled in Israel. Solomon used his wealth to build the first
temple in Jerusalem. This temple was very special because God told
Solomon how to build it, and because inside the temple was the box that
held the Ten Commandments. The temple was very expensive to build.
Everything in it was covered with gold and silver and sparkling jewels.
When the temple was finished, there was a big party that lasted for
seven days. During this party, Solomon dedicated the temple to God. And
God dwelled in the temple that Solomon built. These were truly blessed
times for Israel.

Dios también hizo que Salomón fuera muy rico. Tenía más riquezas que cualquier otro rey que había reinado en Israel. Salomón usó su riqueza para construir el primer templo en Jerusalén. Este templo era muy especial porque Dios le dijo a Salomón cómo construirlo y porque adentro del templo había una caja donde se guardaban Los Diez Mandamientos. El templo costó mucho dinero para ser construido. Todo lo que allí había, estaba cubierto en oro y plata y piedras preciosas. Cuando el templo fue terminado, hubo una gran fiesta que duró siete días. Durante esta fiesta, Salomón le dedicó el templo a Dios. Y Dios descendió al templo que Salomón construyó. Estos fueron tiempos de mucha bendición para Israel.

Elijah, Prophet of Fire
Elías, el profeta de fuego

1 Kings 17

1 Reyes 17

After King Solomon lived and died, there were many very bad kings in Israel. These kings did not care about God at all. Instead, they prayed to idols made of rock and wood. One of the worst kings was Ahab. He decided that everybody should worship an idol named Baal.

Luego de que el Rey Salomón vivió y murió, Israel tuvo muchos reyes muy malos. A estos reyes no les importaba Dios para nada sino que le oraban a ídolos hechos de piedra y madera. Uno de los peores reyes se llamaba Acab. Él decidió que todas las personas debían adorar a un ídolo llamado Baal.

Almost everyone obeyed Ahab because he was the king. Ahab said that anyone who worshiped God would be killed. But there were seven thousand people in Israel who still believed in the true God. One of them was a prophet named Elijah. God told Elijah to go and tell King Ahab that all the people should begin to obey God and stop worshiping Baal. But Ahab did not want to listen to Elijah, and that made God very angry.

Casi todo el mundo obedeció a Acab porque él era el rey. Acad dijo que todos aquellos que adoraran a Dios serían matados. Pero habían 7,000 personas en Israel que todavía creían en el Dios verdadero y uno de ellos era un profeta que se llamaba Elías. Dios le dijo a Elías que fuera y le dijera al Rey Acab que todo el pueblo debía comenzar a obedecer a Dios y dejar de adorar a Baal. Pero Acab no quiso escuchar a Elías y esto enojó mucho a Dios.

So God punished King Ahab and Israel by not letting rain fall in Israel for a very long time. It was difficult to find anything to eat, because without rain, no plants would grow. King Ahab wanted to kill Elijah. Since Elijah was God's prophet, Ahab blamed him for the lack of rain. But Elijah was safe, far away from King Ahab. He was hiding in a place where no one else lived.

Entonces Dios castigó al Rey Acab y a Israel no permitiendo que lloviera en Israel por un largo tiempo. Era muy difícil encontrar comida pues si no había lluvia, las plantas no crecían. El Rey Acab quería matar a Elías. Como Elías era un profeta de Dios, Acab lo culpaba por la falta de lluvia. Pero Elías estaba a salvo, lejos del Rey Acab. Estaba escondido en un lugar donde no vivía nadie más.

Although everything in the land was now completely dried out, because
no rain had fallen for months, Elijah was living well beside a little
stream that still had water. Every morning, black birds brought pieces
of bread and meat to Elijah, and he had more than enough food to eat.
This is how God kept Elijah alive while he was hiding from the evil king's
soldiers.

Aunque todo en la tierra ya estaba completamente seco porque no había
caído lluvia por muchos meses, Elías vivía bien junto a una pequeña corriente
que aún tenía agua. Cada mañana, pájaros negros le traían pedazos de
pan y carne a Elías y tenía suficiente alimento para comer. Así fue que Dios
mantuvo a Elías vivo mientras estaba escondiéndose de los soldados del
malvado rey.

The Big Test
La gran prueba

Three years went by, but King Ahab continued to be stubborn and wicked; he would not follow God. Instead, Ahab built more and more idols to Baal. Again, God sent Elijah to talk to Ahab. Elijah asked, "Why do you still worship the false god Baal? Let us have a contest between the true living God and your Baal, who is no god at all. This will prove once and for all which God is real."

Pasaron tres años, y el Rey Acab seguía siendo terco y malvado y no quería seguir a Dios. Contruyó más y más ídolos a Baal. Y de nuevo, Dios envió a Elías a hablar con Acab. Elías le preguntó: "¿Por qué todavía adoras al falso dios Baal? Vamos a tener un concurso entre el Dios vivo y tu Baal, que no es ningún dios. Esto probará de una buena vez cuál Dios es real".

King Ahab agreed to the contest. He gathered all the leaders of Israel on a high mountain. He also gathered hundreds of priests who also believed in Baal. Then they built two altars, one for God and one for Baal. They placed wood on the altars.

El Rey Acab estuvo de acuerdo en hacer el concurso. Reunió a todos los líderes de Israel en una montaña alta. También reunió a cientos de sacerdotes que también creían en Baal. Entonces contruyeron dos altares: uno para Dios y otro para Baal. Colocaron madera en los altares.

Elijah said to the king's priests, "Don't light the wood on fire. Instead, pray to your god, Baal. If he is real, he can light the fire on the altar. I will pray to the living God to send fire from heaven and burn the wood on the altar built for Him. Let us agree that from this day on we will believe in whichever god sends fire from the heavens."

Elías le dijo a los sacerdotes del rey: "No enciendan el fuego en la madera sino oren a su dios Baal. Si él es real, él podrá encender el fuego en el altar. Yo voy a orarle al Dios vivo para que envíe fuego desde el cielo y queme la madera del altar construído para Él. Y estaremos de acuerdo que de este día en adelante, adoraremos a cualquiera de los dioses que envíe fuego desde los cielos".

Hundreds of the king's priests begged Baal to light a fire on the altar. But nothing happened. Elijah teased the priests and shouted to them, "Maybe Baal cannot hear you. You should shout louder. Or maybe Baal is busy or asleep." So the king's priests yelled louder and louder, and danced around the altar more wildly, but absolutely nothing happened.

Cientos de los sacerdotes del rey le suplicaron a Baal que encienda el fuego en el altar. Pero no pasó nada. Elías bromeó con los sacerdotes y les gritaba: "Quizás Baal no los puede escuchar. Deben gritar más fuerte. O quizás Baal está ocupado o durmiendo". Entonces los sacerdotes del rey gritaron más fuerte y más fuerte y bailaron alrededor del altar más frenéticamente pero no pasaba absolutamente nada.

After several hours, Ahab's priests had to give up and admit that Baal was not real. Now it was Elijah's turn. He surprised the king's people by commanding that water be poured all over the altar. He had so much water poured on everything that the wood and the altar were completely wet. Elijah also dug a ditch around the altar and it filled up with water.

Luego de varias horas, los sacerdotes de Acab se tuvieron que rendir y admitir que Baal no era real. Ahora era el turno de Elías. Él sorprendió a la gente del rey cuando les ordenó que mojaran el altar con agua. Le echaron tanta agua que la madera y el altar que estaban completamente mojados. Elías cavó una zanja en la tierra alrededor del altar que se llenó con el agua.

Everybody watched as Elijah raised his hands and quietly prayed to God. He said, "Dear Lord, show everyone here that You are the one and only true God, that I am Your servant, and that people must never again forget about You." After Elijah prayed, a huge flame came down from the sky and hit the altar with a loud noise. The flame burned everything on the altar. Even the stones the altar was built of burned, and all the water around the altar disappeared as well. The king's people could hardly believe what they saw, and they all fell to their knees and shouted, "God is the true God."

Todos observaron cuando Elías levantó sus brazos al cielo y en forma callada oró a Dios diciendo: "Señor amado, muéstrale a todos los que están aquí que Tú eres el único y verdadero Dios, que yo soy Tu siervo y que el pueblo no debe olvidarse de ti nunca más". Luego que Elías orara, una llama enorme bajó desde el cielo y golpeó el altar haciendo un ruido muy fuerte. La llama quemó todo lo que estaba en el altar. Aún las piedras con las que había sido construído el altar se quemaron y toda el agua alrededor del altar también desapareció. La gente del rey no podían creer lo que habían visto y cayeron de rodillas gritando: "Dios es el Dios verdadero".

The Chariot of Fire
La carrosa de fuego

2 Kings 2

2 Reyes 2

Many years went by, and Elijah grew older and older. It was time for someone to replace him as God's prophet. One day, God led Elijah to a man named Elisha. Like Elijah, Elisha also loved God, listened to Him, and obeyed Him. The two men became very close friends. Elisha thought that Elijah was the best person he had ever met.

Pasaron muchos años y Eliseo se hacía cada vez más viejito. Era ya tiempo que otra persona lo sustituyera como profeta de Dios. Un día, Dios guió a Elías hasta un hombre llamado Eliseo. Al igual que Elías, Eliseo también amaba a Dios, lo escuchaba y lo obedecía. Los dos hombres se hicieron amigos muy cercanos. Eliseo pensaba que Elías era la mejor persona que jamás había conocido.

One day, Elijah took Elisha out on a very long walk. Elisha knew the day had come for Elijah to leave this world. He was very sad about this and wanted to follow Elijah wherever he went. When they reached the Jordan River, Elijah took off his cloak and hit the water with it. Suddenly, the water in the river pulled back and Elijah and Elisha walked across on dry land.

Un día, Elías llevó a Eliseo a dar una caminata larga. Eliseo sabía que llegaría el día cuando Elías dejara este mundo. Él estaba muy triste por esto y quería seguir a Elías dondequiera que fuera. Cuando llegaron al Río Jordán, Elías se quitó su manto y golpeó el agua con el. De repente, las aguas del río se apartaron a ambos lados y Elías y Eliseo caminaron en tierra seca.

When they had crossed to the other side of the river, Elijah said, "I am about to leave you. Before I go, I want to give you something. What do you want?" Elisha replied, "I want to have the kind of power you have." "It is much to wish for," said Elijah. "I will be leaving soon. But if God lets you see me leave, that means He will give you what you want."

They continued walking. Then, all at once, Elisha saw a chariot of fire pulled by fiery horses coming from the heavens. As it came between them, Elijah got into the chariot. Then, a giant whirlwind lifted Elijah and the chariot up into the air and carried him higher and higher, until Elisha could not see him anymore.

Cuando había cruzado hasta el otro lado del río, Elías dijo: "Ya estoy por irme. Pero antes que me vaya, quiero darte algo. ¿Qué deseas?" Eliseo respondió: "Quiero tener el mismo poder que tú tienes". Eliseo le respondió: "Eso es mucho pedir. Ya pronto me voy. Pero si Dios permite que veas cuando me vaya, eso querrá decir que Él te dará lo que deseas".

Ellos continuaron caminando. Entonces, de repente, Eliseo vio un carro de fuego con caballos de fuego feroces que venía del cielo. Cuando se acercó a ellos, Elías se subió al carro y vino una ráfaga de viento gigantesca que lo fue llevando más y más alto hasta que Eliseo ya no pudo verlo más.

Elisha saw that Elijah's cloak lay on the ground. He picked it up and walked back to the river. When he came to the river, he took Elijah's cloak in his hands and hit the water with it, just as Elijah had done. Once more, the water pulled back so he could cross on dry ground. Now Elisha knew that God had given him the same powers that Elijah had. From that day on, Elisha was a very trusted and important prophet in Israel, just like Elijah.

Eliseo vio que el manto de Elías estaba en el suelo. Lo tomó y caminó hacia el río. Cuando llegó al río, tomó el manto de Elías en su mano y golpeó el agua, al igual que había hecho Elías. Una vez más, las aguas se apartaron y pudo cruzar en tierra seca. Ahora Eliseo sabía que Dios le había dado los mismos poderes que Elías tenía. Desde ese día, Eliseo fue un profeta muy importante y confiable en Israel, al igual que Elías.

Three Friends in the Burning Fire
Tres amigos en el fuego

Daniel 3

Daniel 3

The Israelites were slaves when they lived in Egypt, then Moses led them to the Promised Land where they had freedom. Now, hundreds of years later, the Israelites were again living as slaves. Israel's many bad and evil kings had forgotten all about God, so God allowed the king of Babylon and his armies to destroy Jerusalem. When that happened, thousands of Israelites were captured and taken to Babylon to live as slaves.

Los israelitas eran esclavos cuando vivían en Egipto y Moisés los dirigió a la tierra prometida donde tuvieron libertad. Ahora, cientos de años más tarde, los israelitas estaban de nuevo viviendo como esclavos. Muchos de los reyes malvados que había tenido Israel se habían olvidado de Dios, por lo que Dios le permitió al rey de Babilonia y sus ejércitos que destruyeran Jerusalén. Cuando esto sucedió, miles de israelitas fueron capturados y llevados a Babilonia para vivir como esclavos.

Babylon's King Nebuchadnezzar had built a huge idol. He had the idol covered with gold, and placed it right in the middle of the city. Then, he commanded everyone to bow down and worship the idol.

El Rey Nabucodonosor de Babilonia había construído un ídolo gigante. Lo había cubierto con oro y lo había colocado en el medio de la ciudad. Entonces les ordenó a todos que se arrodillaran y adoraran al ídolo.

But three Israelites, Shadrach, Meshach, and Abednego, did not worship the idol. They were faithful to God and would worship only Him. The king was angry and said, "If you do not worship my idol, I will throw you into the fire." They said, "God can save us from the fire. But even if He does not, we will not worship the idol. No matter what happens, we will worship only the one true God."

Pero tres amigos israelitas de nombres Sadrac, Mesac y Abed-nego no adoraron al ídolo. Ellos eran fieles a Dios y sólo lo adorarían a Él. El rey se enojó muchísimo y les dijo: "Si no adoran a mi ídolo, los voy a echar al horno de fuego". Los hombres le dijeron: "Dios nos puede salvar del fuego. Pero aún si Él no lo hiciera, no vamos a adorar al ídolo. No importa lo que pase, solamente vamos a adorar al único Dios verdadero".

The king turned to his soldiers and said, "Put more wood in the furnace to make the fire as hot as you can." The soldiers did as the king said. Never before had the furnace burned so hot. Then they threw the three men right into the fire while the king watched.

El rey se volteó hacia sus soldados y les dijo: "Pongan más madera en el horno para que el fuego esté lo más caliente que puedan". Los soldados hicieron lo que el rey les dijo. Nunca antes el horno había estado tan caliente. Y los lanzaron dentro del horno de fuego mientras el rey observaba.

But an amazing thing happened. The fire did not hurt the Israelite men at all! It did not even burn their clothes. Then, as they walked around inside the furnace, it looked like there were now four people. King Nebuchadnezzar was horrified when he saw this. He said, "I put three people in the fire. But now I see four men in the furnace, and one of them looks like a son of the gods."

Pero algo increíble sucedió. ¡El fuego no lastimó a los hombres israelitas ni un poquito! Ni siquiera le quemó la ropa. Entonces, mientras caminaban dentro del horno, parecía que ahora había cuatro personas. El Rey Nabucodonosor estaba horrorizado cuando vio esto. Él dijo: "Yo metí a tres personas al fuego. Pero ahora veo cuatro hombres en el horno y uno de ellos parece como el hijo de un dios".

The king called the three men out of the furnace, and they calmly walked out. They did not even smell burned from the fire they had been in. King Nebuchadnezzar knew now that God had saved them, so he made a new law in Babylon. Now Nebuchadnezzar demanded that no one should ever say anything bad about the God of Israel. The three friends had trusted in God, and He saved them. The people everywhere in Babylon came to know what God had done on this day.

El rey llamó a los tres hombres para que salieran del horno y caminaron tranquilamente afuera. Ni siquiera olían a quemado habiendo estado en el fuego. El Rey Nabucodonosor sabía que Dios los había salvado por lo que estableció una nueva ley en Babilonia. Ahora Nabucodonosor demandaba que nunca nadie podía decir nada malo del Dios de Israel. Los tres amigos habían confiado en Dios y Él los había salvado. Ahora, la gente en todos lugares en Babilonia conoció lo que Dios había hecho ese día.

Daniel and the Lions
Daniel y los leones

Daniel 6

Daniel 6

Daniel was wise and honest in everything he did, and although he was a slave, he worked closely with the kings in Babylon. The kings liked Daniel very much. But other men who also worked in the palace did not like Daniel. They were jealous that the kings trusted him, an Israelite slave, with so much. So they decided to set a trap for Daniel.

Daniel era muy honesto y sabio en todo lo que hacía y, aunque era un esclavo, trabajó muy de cerca con los reyes de Babilonia. A los reyes les caía bien Daniel. Pero a otros hombres que también trabajaban en el palacio, Daniel no les caía bien. Estaban celosos que los reyes confiaban tanto en él siendo un esclavo israelita. Así que decidieron tenderle una trampa a Daniel.

203

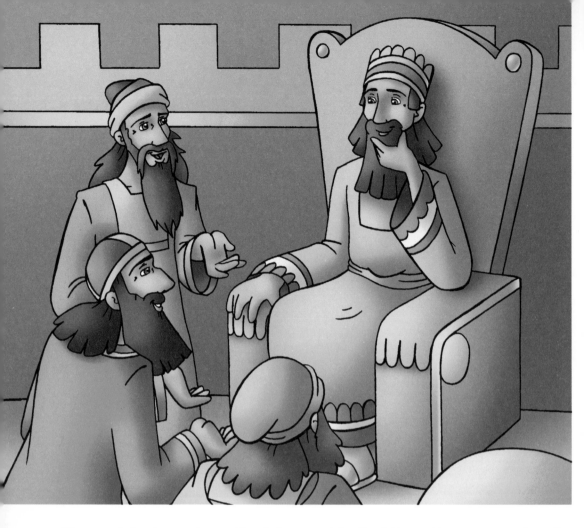

These wicked men knew Daniel prayed to God three times every day. So they went to the king and said, "Why don't you make a new law that for the next thirty days, people pray only to you and no one else? This will show that they are loyal to you." The king liked this idea so much that he also decided that anyone who did not pray to him would be thrown into a lion's den.

Estos hombres malvados sabían que Daniel oraba a Dios tres veces al día. Entonces fueron donde el rey y le dijeron: "¿Por qué no pasa una nueva ley para que, por los próximos treinta días, el pueblo sólo pueda orarle a usted y a nadie más? Esto mostrará que le son fieles". Al rey le gustó esa idea así que decidió que cualquier persona que no le orara a él, sería arrojada al foso de los leones.

But Daniel was a faithful man, and he did not stop praying to God. It was easy for the wicked men to catch him breaking this law. The men tattled to the king that Daniel was praying to God and not to the king; now Daniel had to be thrown to the lions. The king was very sad because he liked Daniel so much. But at the same time, he knew that because he was the king and he had made the law himself, he could not break it.

Pero Daniel era un hombre fiel y no dejó de orarle a Dios. Fue fácil para los hombres malvados atraparlo incumpliendo la ley. Los hombres delataron ante el rey que Daniel. le estaba orando a Dios y no al rey; ahora tenían que arrojarlo al foso de los leones. El rey estaba muy triste porque le tenía afecto a Daniel. Pero al mismo tiempo, sabía que él era el rey y había dictado una ley que no podía romper.

Soldiers came and arrested Daniel. They took him to a pit filled with hungry lions. Then the soldiers threw him down into the pit. The wicked men were happy to finally get rid of Daniel.

Los soldados fueron y arrestaron a Daniel. Lo llevaron al foso lleno de leones hambrientos. Entonces los soldados lo arrojaron al foso. Los hombres malvados estaban contentos pues por fin se iban a deshacer de Daniel.

But the king was upset and could not sleep. He stayed awake all night. He did not drink or eat anything. He was thinking all the time about the terrible lions and poor Daniel.

Pero el rey estaba muy molesto y no podía dormir. Estuvo despierto toda la noche. No comió ni bebió nada. Todo el tiempo estaba pensando en los terribles leones y el pobre Daniel.

Early the next morning, as soon as the first light came, the king rushed to the pit where Daniel and lions were. Although he did not expect an answer, he called, "Daniel! Daniel! Are you there?" What a surprise when Daniel replied, "Yes, king, I am alive and well. God sent an angel and it stopped the lions from hurting me. God kept me safe."

Temprano en la mañana siguiente, tan pronto salió el primer rayo de luz, el rey se apresuró a llegar a la fosa donde estaban Daniel y los leones. Aunque no esperaba una respuesta, él lo llamó: "¡Daniel! ¡Daniel! ¿Estás ahí?" Qué sorpresa cuando Daniel respondió: "Sí, rey, estoy vivo y estoy bien. Dios envió un ángel y evitó que los leones me lastimaran. Dios me cuidó".

The king was very happy and ordered Daniel to be pulled up from the pit. Then he sent out a message to the whole kingdom of Babylon, so everyone would know how God had saved Daniel from the lions. And God once more showed people in Babylon that He is the one true God that must be worshiped and obeyed.

El rey estaba feliz y ordenó que sacaran a Daniel del foso. Entonces envió un mensaje a todo el reino de Babilonia para que todos supieran cómo Dios había salvado a Daniel de los leones. Y Dios una vez más le mostró al pueblo que Él es el verdadero Dios al que deben adorar y obedecer.Entonces envió un mensaje a todo el reino de Babilonia para que todos supieran cómo Dios había salvado a Daniel de los leones. Y Dios una vez más le mostró al pueblo que Él es el verdadero Dios al que deben adorar y obedecer.

Queen Esther
La reina Ester

Esther 2-10

Ester 2-10

King Xerxes ruled over the mighty empire of Persia. When he decided it was time to find a wife, his servants searched the land for the most beautiful woman they could find. An Israelite woman named Esther was brought before King Xerxes, and when he saw her, he was very pleased. He was so pleased, he set the royal crown on her head and Esther became the queen!

El rey Asuero reinaba en todo el poderoso imperio de Persia. Cuando decidió que ya era tiempo de encontrar una esposa, sus sirvientes buscaron en todo el territorio a la mujer más hermosa que pudieran encontrar. Una mujer israelita de nombre Ester fue llevada ante el Rey Asuero y cuando la vio, estaba muy contento. ¡Estaba tan contento que le colocó la corona real sobre su cabeza y Ester se convirtió en la reina!

Esther's uncle, Mordecai, had adopted her when she was a child. One day, as he sat by the palace gates, Mordecai overheard some men plotting to kill the king. Mordecai immediately went to Queen Esther and warned her so she could tell this to the king. The bad men were then arrested, and the king was very grateful to Mordecai for his help.

Mardoqueo, el tío de Ester, la había adoptado cuando era niña. Un día, mientras estaba sentado en los portones del palacio, Mardoqueo escuchó a unos hombres que estaban haciendo un complot para matar al rey. Mardoqueo fue donde la Reina Ester y se lo contó de inmediato y le advirtió para que se lo contara al rey. Los hombres malos fueron arrestados y el rey estaba muy agradecido por la ayuda de Mardoqueo.

Sometime later, a powerful man named Haman became very angry at Mordecai. Haman knew that Mordecai was an Israelite and not a Persian, so to get back at Mordecai, he tricked the king into passing a law that made it all right to kill Israelites. King Xerxes went along with this terrible law, but he did not know that his beloved Queen Esther was also an Israelite.

Un tiempo después, un hombre poderoso llamado Amán estaba enojado con Mardoqueo. Amán sabía que Mardoqueo era israelita y no persa y para vengarse de Mardoqueo, le hizo una trampa al rey para que pasara una ley que dijera que estaba bien matar a los israelitas. El Rey Asuero estuvo de acuerdo con esta terrible ley pero no sabía que su amada Reina Ester también era israelita.

Esther was very afraid for herself and her people, the Israelites. But she was also brave, and she went to visit the king. She wanted to ask him to change the law that Haman had tricked him into making. When the king saw her, he said, "What can I do for you, dear Queen? I will give you whatever you ask, up to half my kingdom."

Ester tenía mucho miedo por ella y por su pueblo, los israelitas. Pero también era muy valiente y fue a visitar al rey. Quería pedirle que cambiara la ley que, con engaños, Amán le había hecho firmar. Cuando el rey la vio, le dijo: "¿Qué puedo hacer por ti, querida Reina? Te daré lo que pidas, hasta la mitad de mi reino".

Esther answered, "My king, Haman has promised a reward to anyone who kills my people, the Israelites. If you really care for me and are willing to help, you can save my people and me; that is what I really want."

Ester le respondió: "Mi rey. Amán ha prometido una recompensa para cualquier persona que mate a mi pueblo, los israelitas. Si de verdad te preocupas por mí y estás dispuesto a ayudar, puedes salvar a mi pueblo y a mí; eso es lo que quiero en realidad".

Now, the king got very angry. He realized how Haman had convinced him to make such a bad law. So, the king changed the law and ordered Haman to be hanged instead. And Esther became famous as the person who saved herself, Mordecai, and all of the Israelite people.

Ahora el rey estaba muy enojado. Se dió cuenta de que Amán lo había convencido que dictara una ley malvada. Entonces el rey cambió la ley y ordenó que Amán fuera colgado. Y Ester se hizo famosa por salvarse a ella misma, a Mardoqueo y a todo el pueblo israelita.

Jonah and the Whale
Jonás y la ballena

The Book of Jonah

El libro de Jonás

There was a man named Jonah, and there was a city called Nineveh. Nineveh was one of the biggest cities in the world, but it was also one of the most terrible places. The people there were wicked and did terrible things to one another. This made God very sad and angry. He said to Jonah, "Go and warn the people in this city that if they don't stop their evil actions, I will destroy their city."

Había un hombre llamado Jonás y una ciudad llamada Nínive. Nínive era una de las ciudades más grandes del mundo pero también uno de los lugares más terribles. La gente era malvada y se hacían cosas terribles unos a los otros. Esto entristeció mucho a Dios y también lo hizo enojar. Le dijo a Jonás: "Vio y adviértele a la gente de esta ciudad que si no dejan sus malas acciones, voy a destruir la ciudad".

But Jonah did not want to go to Nineveh. He was afraid of what the people would do to him if he gave them this message from God. Instead, he went to the harbor, where all the big ships were, to get on a boat that was going far away. He just made it there as one of the boats was about to leave the harbor to sail across the sea, far, far away.

Pero Noé no quería ir a Nínive. Tenía miedo de lo que la gente le podía hacer si les daba este mensaje de parte de Dios. En lugar de esto, se fue al puerto de donde salen todos los barcos grandes hacia lugares lejanos. Se subió a uno de los barcos que estaban por salir del puerto para navegar y cruzar el mar muy, muy lejos.

Jonah went down below deck to take a nap. He wanted to forget that he was running away from the job God had asked him to do. As the boat was moving smoothly through the waters, Jonah fell asleep.

Jonás se fue a la parte de abajo a dormir una siesta. Quería olvidarse que estaba huyendo de la tarea que Dios le había pedido que hiciera. Mientras el barco se movía suavemente por las aguas, Jonás se quedó dormido.

While he was asleep, God caused a terrible storm to rise over the sea. Although the sailors on this boat were used to sailing through big storms and tall waves, this storm terrified them. The sailors woke Jonah up from his deep sleep. Jonah could see how afraid they were. Immediately, Jonah knew the storm was sent by God and why.

Pero mientras dormía, Dios envió una tormenta terrible que levantó las aguas. Aunque los marineros en este barco estaban acostumbrados a navegar en tormentas y olas altas, esta tormenta los aterraba. Los marineros despertaron a Jonás de su sueño profundo. Jonás podía ver el miedo que tenían. Inmediatamente, Jonás sabía que Dios había enviado esa tormenta y por qué lo había hecho.

Jonah said to the sailors, "I should never have been on board this ship. It is my fault, because I should have gone to Nineveh. Instead, I was trying to run away from God by sailing in the opposite direction. Now you must throw me into the sea. Then God will make the storm go away."

Jonás le dijo a los marineros: "Nunca me debí subir a este barco. Es mi culpa porque debí haber ido a Nínive pero estaba tratando de huir de Dios navegando en dirección opuesta. Deben lanzarme al mar. Entonces Dios hará que la tormenta se aleje".

So the sailors threw Jonah into the sea. Immediately, the wind stopped blowing, and the waves became flat. The dark gray sky turned to blue, and the sun started to shine again. Everything was nice and quiet and the men on the ship were safe.

Los marineros arrojaron a Jonás al mar. De inmediato, el viento dejó de soplar y las olas se calmaron. El cielo oscuro se volvió azul y el sol comenzó a brillar otra vez. Todo estaba en calma y los hombres en el barco estaban a salvo de nuevo.

But Jonah was sinking under the water. He went deeper and deeper and deeper into the sea. He saw a big shadow approaching right under him from the depths of the sea. It came closer and closer.

Pero Jonás se estaba hundiendo bajo el agua. Iba más y más profundo en el mar. Vio una gran sombra que se acercaba a él desde las profundidades del mar. Se acercaba más y más.

The shadow was a big whale that came and swallowed Jonah right up. It swallowed him in one mouthful. Jonah went all the way down through the belly of the whale.

La sombra era una ballena enorme que se acercó y se tragó a Jonás. Se lo tragó de un solo bocado. Jonás fue directo al estómago de la ballena.

It was dark and smelled terrible inside the belly of the whale. Everything it ate was swallowed down into its belly, along with Jonah. Although it was a scary and dark place to be, inside the belly of the whale, deep down in the sea, Jonah knew that God could still hear him. So he started to pray to God. Jonah prayed for three days and nights.

Estaba oscuro y olía muy feo por dentro del estómago de la ballena. Todo lo que la ballena se comía iba directo al estómago junto con Jonás. Aunque era un lugar muy oscuro y temible dentro del estómago de una ballena para estar, Jonás sabía que Dios aún allí lo podía escuchar. Entonces empezó a orar. Jonás oró por tres días y tres noches.

God had not forgotten Jonah. All the time as Jonah was praying to God, the whale was swimming toward land. On the third day, it spit Jonah up on the seashore. Jonah thanked God and said, "From now on I will always obey what You tell me to do."

Dios no se había olvidado de Jonás. Todo el tiempo que Jonás estuvo orando a Dios, la ballena estaba nadando hacia la tierra. Al tercer día, la ballena escupió a Jonás en la orilla de la playa. Jonás le dio gracias a Dios y dijo: "De ahora en adelante, siempre voy a obedecer lo que me digas que haga".

Once again, God told Jonah, "Go to Nineveh and warn the people of what I will do." This time, Jonah obeyed God and went to Nineveh. He warned the people there that if they did not stop their evil actions, God would destroy them and their city. The people listened to Jonah and agreed that their lives had been evil. They also asked God to forgive them. God forgave the people in Nineveh, saved their lives, and did not destroy their city.

Una vez más, Dios le dijo a Jonás: "Vio a Nínive y advierte a la gente lo que haré". Esta vez Jonás obedeció a Dios y fue a Nínive. Le advirtió a la gente que si no dejaban de hacer cosas malas, Dios los iba a destruir a ellos y a su ciudad. El pueblo escuchó a Jonás y estuvieron de acuerdo en que sus vidas habían sido malvadas. Le pidieron perdón a Dios. Dios perdonó al pueblo de Nínive, salvó sus vidas y no destruyó su ciudad.

The New Testament

El Nuevo Testamento

Mary and Gabriel
María y Gabriel

Luke 1

Lucas 1

More than two thousand years ago, there was a young woman named Mary. God used her in a very special way. Mary lived in Israel in a small town called Nazareth, and she was planning to marry a man named Joseph.

Hace más de doscientos años atrás, había una chica joven llamada María. Dios la usó de una forma muy especial. María vivía en Israel, en un pueblo pequeñito que se llamaba Nazaret, y estaba planificando su boda con un hombre llamado José.

One day, God's angel Gabriel appeared and stood before Mary. He was in a very bright light that almost looked like fire. Gabriel said, "Mary, you are the most blessed of all women. Do not be afraid. God has sent me to tell you that God is bringing His Son into the world, and you will give birth to His Son. You shall name the boy Jesus."

Un día, Gabriel, el ángel de Dios, se le apareció delante de María. Venía con una luz muy brillante que casi parecía fuego. Gabriel dijo: "María, eres bendecida entre todas las mujeres. No tengas miedo. Dios me ha enviado para decirte que Dios va a traer a Su Hijo a este mundo y tú darás a luz a Su Hijo. Le pondrás por nombre Jesús".

Mary did not understand what the angel had just told her. She asked, "How can this happen? I am not married, so how could I give birth to a child?" The angel answered, "God's power will come over you. And your child will be called the holy Son of God. Nothing is impossible for God."

Mary was happy to be chosen by God for this. But she was also worried about Joseph. Would he believe what Gabriel had said?

María no entendía lo que el ángel le acaba de decir. Ella preguntó: "¿Cómo va a suceder esto? Yo no estoy casada. Entonces, ¿cómo voy a dar luz a un bebé?" El ángel le contestó: "El poder de Dios vendrá sobre ti. Y tu hijo será llamado el Santo Hijo de Dios. Nada es imposible para Dios".

María estaba feliz de haber sido escogida por Dios para esto. Pero también estaba preocupada por José. ¿Le creería lo que Gabriel le había dicho?

God took care of everything. One night, an angel spoke to Joseph in a dream. The angel told him that Mary would have a son by the Holy Spirit. The angel also told Joseph he must marry her and be the father of her child. So Joseph obeyed God and married Mary soon after.

Dios cuidó de todo. Una noche, un ángel le habló a José en sueños. El ángel le dijo que María tendría un bebé por el Espíritu Santo. El ángel también le dijo que debía casarse con María y ser el padre de su niño. José obedeció a Dios y se casó con María muy pronto.

Jesus Is Born in Bethlehem

Luke 2

Jesús nace en Belén

Lucas 2

It was time for the baby to be born. But Mary and Joseph had to travel to the town of Bethlehem, many miles away from their home in Nazareth. This journey was by order of the Roman emperor. He wanted to know how many people lived in his kingdom so he could collect taxes from them. It was a long and hard journey to travel to Bethlehem, especially for Mary.

Ya era tiempo que naciera el bebé. Pero María y José tenían que viajar al pueblo de Belén, que quedaba a muchas millas lejos de su casa en Nazaret. Este viaje era una orden del emperador romano. Él quería saber cuántas personas vivían en su reino para poder cobrarle impuestos. El viaje era muy largo y difícil para llegar a Belén, especialmente para María.

When Joseph and Mary arrived in Bethlehem, they were tired and hungry. Joseph looked for a place to stay, but he could not find one. No one in the town had a room for them to stay in. Instead, Mary and Joseph stayed in a stable, where people kept their animals. It was cold and dark inside the stable, but God wanted them to be exactly right there in that humble place.

Cuando José y María llegaron a Belén, estaban cansados y con hambre. José buscó un lugar para pasar la noche, pero no encontró nada. No había ningún lugar que tuviera habitaciones disponibles para que se pudieran quedar. María y José se tuvieron que quedar en un establo donde se cuidan los animales. Dentro del establo hacía frío y estaba muy oscuro, pero Dios quería que ellos estuvieran exactamente en aquel lugar humilde.

It was a dark night in Bethlehem when Jesus was born. He was just as little and helpless as any newborn baby. Mary hugged baby Jesus and wrapped Him in a cloth and laid Him in a manger. God's own Son, the Savior God promised long ago, had been born. At that moment, only Mary and Joseph knew that the Son of God was born that night in Bethlehem.

Era una noche muy oscura en Belén cuando Jesús nació. Era tan pequeñito e indefenso como cualquier bebé recién nacido. María abrazó al nino Jesús y lo cubrió con una manta lo acostó en un pesebre. El propio Hijo de Dios, el Salvador que Dios había prometido hacía mucho tiempo, había nacido. En ese momento, solo María y José sabían que el Hijo de Dios había nacido aquella noche en Belén.

That same night, in the fields near Bethlehem, shepherds were guarding their sheep. Suddenly, the shepherds saw a bright light in the sky. In the air above them, angels were everywhere and were singing wonderful things about what God had done that night in Bethlehem. "Praise God in heaven. Peace on earth to everyone who pleases God," the angels sang. The angels told the shepherds, "A special child has been born tonight in Bethlehem. You will find Him in a stable, wrapped in a cloth and laid in a manger. Glory to God!"

Esa misma noche, en los campos cerca de Belén, los pastores estaban
cuidando de sus ovejas. De repente, los pastores vieron una luz muy brillante
en el cielo. En el aire, justo arriba de ellos, vieron ángeles que estaban
cantando unas melodías hermosas sobre lo que Dios había hecho aquella
noche en Belén. "Gloria a Dios en las alturas y paz en la tierra para todos
los que agradan a Dios", cantaban los ángeles. Los ángeles le dijeron a los
pastores: "Un Niño especial ha nacido esta noche en Belén. Lo encontrarán
en un establo, envuelto en una manta y acostado en un pesebre. ¡Gloria a
Dios!"

What wonderful news this was! After the angels left and went back to heaven, the shepherds hurried to Bethlehem where they found Mary, Joseph, and the little baby. When they saw Jesus, the shepherds knew in their hearts that the angels had told them the truth. He was God's own Son. They praised God for the child. And they told Mary everything the angels had told them out in the fields. Mary thought about all this and wondered what it all meant.

¡Qué noticias tan maravillosas eran éstas! Después que los ángeles se fueron de regreso al cielo, los pastores se fueron muy rápido a Belén, donde encontraron a María, José y al pequeño bebé. Cuando vieron a Jesús, los pastores supieron en sus corazones que los ángeles les habían dicho la verdad. Él era el Hijo de Dios. Alabaron a Dios por este niño. Y le contaron a María todo lo que los ángeles les habían dicho en el campo. María se quedó pensando en estas cosas, preguntándose qué querían decir.

The Wise Men
Los Sabios de Oriente

Far away, in another country, there lived some very wise men. They had read many books, and they studied the stars at night. One night, they saw a new star in the sky that they had never seen before. The men said to one another, "This new star is a sign that a King has been born in Judah. Come, let us go to Israel to find the new King."

Muy lejos, en otro país, vivían unos hombres muy sabios. Habían leído muchos libros y estudiado las estrellas de la noche. Una noche, vieron una estrella nueva en el cielo que nunca habían visto antes. Se dijeron entre ellos: "Esta nueva estrella es una señal de que el Rey de Judea ha nacido. Vayamos a Israel a buscar al nuevo Rey".

The Wise Men took their camels and prepared gifts for the King, and they began their long journey to the West, toward Israel. After many months, they arrived in Jerusalem. They went to the palace of King Herod and said, "We know that a new King has been born in Israel because we have seen His star. We have come to kneel down before Him and give Him our gifts."

Tomaron sus camellos y prepararon regalos para el Rey y comenzaron su largo viaje hacia el oeste, en dirección a Israel. Luego de muchos meses, llegaron a Jerusalén. Fueron al palacio del Rey Herodes y le dijeron: "Sabemos que ha nacido un nuevo Rey en Israel porque hemos visto su estrella. Venimos a arrodillarnos frente a Él y a traerles nuestros regalos".

But the evil King Herod answered them, "I don't know where this newborn King is. But when you find Him, let me know so I also can go and honor Him." But Herod was lying. He did not want to honor the new King. He wanted to kill Him because Herod was very jealous and wicked.

Pero el Rey Herodes era muy malo y les respondió: "Yo no sé donde está ese Rey recién nacido. Pero cuando lo encuentren, me dicen dónde está para yo ir a adorarle también". Pero Herodes estaba mintiendo. Él no quería honrar al nuevo Rey. Él quería matarlo porque estaba celoso y era malvado.

The Wise Men didn't know that Herod was lying, so they agreed to return and tell him where he could find the new King. Then they continued their search. The star showed them the way to Bethlehem, to the very place where Jesus was. They kneeled down and worshiped Jesus and gave Him their fine and expensive gifts. They were the kind of gifts people then would give to a king: gold, frankincense, and myrrh.

Los Sabios de Oriente no sabían que Herodes estaba mintiendo y estuvieron de acuerdo en regresar para decirle dónde podría encontrar al nuevo Rey. Y continuaron su búsqueda. La estrella les mostró el camino hacia Belén, al lugar justo donde estaba Jesús. Se arrodillaron y adoraron a Jesús y le dieron regalos muy finos y costosos. Eran el tipo de regalos que la gente le haría a un Rey: oro, incienso y mirra.

That same night, as the Wise Men slept, an angel came to them in a dream. The angel told them they should not go back to tell King Herod where they had found Jesus. So the Wise Men went back home a different way.

When the Wise Men did not come back to the palace in Jerusalem, King Herod was angry. He told his soldiers, "Go to Bethlehem and kill every baby boy you find in the town."

Esa misma noche, mientras los Sabios del Oriente dormían, un ángel se les apareció en sus sueños. El ángel les dijo que no regresaran a decirle al Rey Herodes dónde habían encontrado a Jesús. Así que ellos regresaron a su tierra por un camino diferente.

Cuando los Sabios de Oriente no regresaron al palacio de Jerusalén, el Rey Herodes se enojó mucho. Le dijo a sus soldados: "Vayan a Belén y maten a todos los bebés varones que encuentren en el pueblo".

But the soldiers did not find Jesus in Bethlehem.

Joseph had also been warned in a dream by God's angel about what Herod planned to do. The angel said, "Joseph, get up and take your family to Egypt. You will be safe there from Herod." That very night, Joseph took Mary and Jesus and went to Egypt. They stayed in Egypt until King Herod died. Then they went back to Israel to live in Nazareth. And that is where Jesus grew up.

Pero los soldados no encontraron a Jesús en Belén.

José también había recibido la advertencia que le dio el ángel de Dios en un sueño sobre lo que Herodes estaba planificando. El ángel le dijo: "José, levántate y lleva a tu familia a Egipto. Allí estarán a salvo del Rey Herodes". Esa misma noche, José tomó a María y a Jesús y se fueron a Egipto. Se quedaron en Egipto hasta que el Rey Herodes murió. Entonces regresaron a Israel y vivieron en Nazaret. Allí fue que Jesús creció.

Jesus in the Temple
Jesús en el templo

Luke 2:41-51

Lucas 2:41-51

When Jesus was twelve years old, Mary and Joseph took Him on a long journey to Jerusalem. Each year, many people went to Jerusalem for the Passover celebration. There would be big crowds everywhere in the city. What a wonderful journey to Jerusalem it was!

Cuando Jesús tenía 12 años, María y José lo llevaron en un viaje largo a Jerusalén. Cada año, muchas personas iban a Jerusalén a celebrar la Pascua. Habría grandes multitudes en la ciudad. ¡Qué viaje maravilloso para llegar a Jerusalén!

When they came to Jerusalem, they went into the temple where the
Passover celebration was held. They prayed to God and sang many
songs to praise Him. Jesus loved to be in the temple with His family
and friends. The celebration lasted seven days, and then people began
to travel back to their homes. Joseph and Mary also started back to
their home in Nazareth with a large group of their family and friends.
this could be.

Cuando llegaron a Jerusalén, fueron al templo donde se celebraría la fiesta
de la Pascua. Oraron a Dios y cantaron himnos de alabanzas. Jesús amaba
estar en el templo con su familia y sus amigos. La celebración duró siete
días y luego las personas comenzaron a regresar a sus hogares. José y María
también comenzaron su regreso a su hogar en Nazaret junto a un gran grupo
de familiares y amigos.

Mary and Joseph did not see Jesus when they left Jerusalem, but they were sure He was traveling ahead of them with some of their relatives. They thought they would catch up with Him along the way, so as they walked, they looked for him. But the first night of their journey passed and they did not see Jesus. They became very worried when they realized Jesus was missing. Mary and Joseph rushed back to Jerusalem to find Him.

María y José no vieron a Jesús cuando salieron de Jerusalén pero estaban seguros que él iba delante de ellos con algunos de los familiares. Pensaron que lo alcanzarían en el camino por lo que siguieron caminando mientras buscaban dónde estaba. Pero después de la primera noche del viaje, no veían a Jesús. Se preocuparon mucho cuando se dieron cuenta de que Jesús no estaba. María y Josué se apresuraron a regresar a Jerusalén para encontrarlo.

When they came to Jerusalem, they went right into the temple. And to their relief, Mary and Joseph saw Jesus as He was sitting with the priests who served in the temple. Jesus was listening to them and asking them many questions. The priests were astonished to meet and listen to such a wise boy. It was very clear to them that Jesus, who was only twelve years old, knew so much about God, and they wondered how this could be.

Cuando llegaron a Jerusalén, fueron directo al templo. Para su alivio, María y José vieron a Jesús sentado entre los sacerdotes que servían en el templo. Jesús los estaba escuchando y haciéndoles muchas preguntas. Los sacerdotes estaban muy sorprendidos al conocer y escuchar a este chico tan sabio. Estaba bien claro para ellos que Jesús, aunque solo tenía 12 años de edad, sabía mucho acerca de Dios y se preguntaban cómo era eso posible.

Mary said to Jesus, "Son! We have been so worried about You and have looked for You everywhere! Why did You stay behind instead of coming home with us?"

Jesus said, "Why were you looking for Me? Didn't you know that I belong here in My Father's house?" Jesus said this because He knew He was the Son of God. Mary immediately realized that Jesus was right. Then Jesus went home to Nazareth with Mary and Joseph, and He lived there until He was a young man.

María le dijo a Jesús: "¡Hijo, estábamos tan preocupados por ti y te hemos buscado por todos lados! ¿Por qué te quedaste en lugar de regresar a casa con nosotros?"

Jesús les dijo: "¿Por qué me estaban buscando? ¿No saben que yo pertenezco en la casa de mi Padre?" Jesús dijo esto porque Él sabía que era el Hijo de Dios. María entendió que Jesús tenía razón. Entonces Jesús regresó a su hogar en Nazaret con José y María y El vivió allí hasta que fue un joven.

John the Baptist
Juan el Bautista

Mark 1:1-12

Marcos 1:1-12

A man called "John the Baptizer" lived far from town, near the Jordan River. His clothes were made from camel hair, and he wore a wide leather belt. He caught locusts and ate them with wild honey. John preached to anyone who would listen. "Turn away from your sinful ways toward God," John said. "Be baptized, for God is about to do something wonderful very soon. You must get ready. God's messenger will soon be here!"

Un hombre llamado "Juan el Bautista" vivía lejos del pueblo, cerca del Río Jordán. Sus ropas estaban hechas de cabello de camello y usaba un cinturón de piel. El atrapaba langostas y se las comía con miel silvestre. Juan le predicaba a todos los que lo escucharan. "Aléjense del pecado y vuélvanse a Dios", decía Juan. "Bautícense pues Dios va a hacer algo maravilloso muy pronto. Deben estar listos. ¡El mensajero de Dios llegará pronto!"

John baptized many people in the Jordan River. This Baptism meant that people wanted to repent from their sins and receive forgiveness. John stood in the Jordan River every day and baptized many people who wanted forgiveness.

Juan bautizó a muchas personas en el Río Jordán. Este bautismo significaba que las personas querían arrepentirse de sus pecados y recibir perdón. Juan iba al Río Jordán todos los días y bautizaba a muchas personas que querían el perdón.

One day Jesus came to the Jordan River where John was baptizing people. Jesus knew John because they were cousins. He asked to be baptized by him, but John said, "Jesus, You don't need to be baptized. It is I who needs to be baptized by You." But Jesus insisted, "I want you to baptize Me, John. This is how it must be." So John baptized Jesus.

Un día, Jesús fue al Río Jordán donde Juan estaba bautizando personas. Jesús conocía a Juan porque eran primos. Le pidió que lo bautizara pero Juan le dijo: "Jesús, tú no necesitas que yo te bautice. Soy yo el que necesita que Tú me bautices". Pero Jesús insistió: "Quiero que me bautices, Juan. Así es que debe ser". Entonces Juan bautizó a Jesús.

When Jesus came up from the water after His Baptism, something fantastic happened. The heavens opened, and the voice of God could be heard coming from high in the sky. God said, "This is My Son. I am very pleased with Him." And then it looked as if a white dove was descending from heaven upon Jesus. This was God's Holy Spirit. John told all of the people there, "Jesus is God's great messenger. This is the One I have been telling you about."

Cuando Jesús salió de las aguas luego de ser bautizado, algo fantástico ocurrió. Los cielos se abrieron y la voz de Dios se escuchó desde el alto cielo. Dios dijo: "Este es mi Hijo. En quien me complazco". Y entonces parecía como si una paloma blanca bajara del cielo y se posara sobre Jesús. Era el Espíritu Santo de Dios". Juan les dijo a todas las personas que estaban allí: "Jesús es el gran mensajero de Dios. De él es que les he estado hablando".

"Come and Follow Me"
"Vengan y síganme"

Mark 1:16-20

Marcos 1:16-20

After Jesus was baptized, He began teaching people about God and His kingdom.

One day, as Jesus was walking by the shore of the Sea of Galilee, He saw some men in fishing boats. The fishermen had big nets that they used to catch fish.

Luego que Jesús fue bautizado, Él comenzó a enseñarle a las personas acerca de Dios y su reino.

Un día, mientras Jesús estaba caminando por la orilla del Mar de Galilea, vió a unos hombres en sus botes de pescar. Los pescadores tenían grandes redes que usaban para atrapar los peces.

These men's names were Peter, Andrew, John, and James. Jesus called out to them and said, "Come and follow Me. I will teach you how to fish for men." Immediately, the men left their boats and nets and followed Jesus. Now Jesus had four new friends. They were called "disciples." They traveled with Jesus, listened to everything He taught, and saw everything He did. One day, they would teach His message to others.

Estos hombres se llamaban Pedro, Andrés, Juan y Jaime. Jesús los llamó y les dijo: "Vengan y síganme. Yo les voy a enseñar cómo ser pescadores de hombres". Inmediatamente, los hombres dejaron sus barcos y redes y siguieron a Jesús. Ahora Jesús tenía cuatro nuevos amigos. Ellos se llamaban "discípulos". Ellos viajaban con Jesús y escuchaban todo lo que Él les enseñaba y observaban todo lo que Él hacía. Un día, ellos le enseñarían sus mensajes a otros.

Jesus made other friends, and He called them to follow Him too. Soon, Jesus had twelve disciples who followed wherever Jesus went. For the next three years, they traveled all over Israel, teaching people about God and His kingdom, healing them, and forgiving their sins.

Jesús hizo otros amigos y también los llamó para seguirlo. Pronto, Jesús tenía doce discípulos que lo seguían dondequiera que Jesús iba. Por tres años, viajaron por todo Israel, enseñandole a las personas sobre Dios y su reino, sanándolos y perdonando sus pecados.

The Wedding at Cana
La boda en Caná

John 2:1-11

Juan 2:1-11

Jesus and some of His disciples were invited to a big wedding in Cana. Jesus' mother, Mary, was also invited. It was a very big party where the most wonderful food and wine were served, and there was music and singing. Everyone was happy, and celebrated with the young couple that had just been married.

Jesús y algunos de sus discípulos fueron invitados a una gran boda en Caná. María, la madre de Jesús, fue también invitada. Era una fiesta muy grande donde sirvieron mucha comida sabrosa y vino. Había música y cánticos. Todos estaban muy felices celebrando a la pareja joven que recién se había casado.

But during the party, Mary came to Jesus and told Him some bad news. "The wine has run out, and they have no more to serve to the wedding guests," she said. Jesus said to her, "What do you want Me to do? My time has not yet come." Then Mary went to the servants and told them to do whatever Jesus said to do.

Pero durante la fiesta, María fue a ver a Jesús con malas noticias. "El vino se terminó y no tienen más para servirle a los invitados". Jesús le dijo a su madre: "¿Qué quieres que haga? Mi tiempo aún no ha llegado". Entonces María fue donde los sirvientes y les dijo que hicieran lo que Jesús les dijera que hicieran.

There were six, big empty jars in the kitchen. Jesus pointed at the jars and said to the servants, "Fill these empty jars with water." They did what Jesus said and filled them with water.

"Now, take some and serve it to the master," Jesus said.

En la cocina había seis recipientes vacíos. Jesús les dijo a los sirvientes que llenaran esos recipientes de agua. Ellos hicieron lo que Jesús les dijo y los llenaron con agua.

"Ahora, llévenlos y sírvanles al señor", les dijo Jesús.

Again, the servants did what Jesus said. They took water from the jars and served it to the master. But it was no longer water. Jesus had turned it into wine! Everyone said it was the best wine they had ever tasted. Because Jesus was God the Son, He had the power to do this. And it was only the first of many miracles Jesus was going to do.

Otra vez, los sirvientes hicieron lo que Jesús les dijo. Tomaron el agua de los recipientes y le sirvieron al señor. Pero ya no era agua—¡Jesús había convertido el agua en vino! Todos decían que era el mejor vino que habían probado. Como Jesús era el Hijo de Dios, Él tenía el poder para hacer esto. Y éste fue el primero de muchos milagros que Jesús iba a hacer.

"Don't Worry about Tomorrow"
"No se preocupen por el día de mañana"

Matthew 6:25-34

Mateo 6:25-24

Now everyone was talking about Jesus. The people loved to hear what He taught about God, and every day, more and more people followed Him. But they wondered who Jesus was and how He could teach with so much wisdom.

One day, Jesus and His disciples were on the side of a mountain. Jesus was teaching them about the kingdom of God. A crowd of people had also followed, and they gathered close by and listened too.

Ahora todos estaban hablando de Jesús. La gente disfrutaba escucharlo enseñarles sobre Dios y todos los días, más y más personas lo seguían. Pero se preguntaban quién era Jesús y cómo podía enseñar con tanta sabiduría.

Un día, Jesús y sus discípulos estaban al lado de una montaña. Jesús les estaba enseñando acerca del reino de Dios. Una multitud de gente los había seguido y se habían acercado para escucharlo.

Jesus said, "Look at the birds. Do they build barns to store their food for the future? No, but God still feeds them. Don't be afraid that you might not have food. Don't be afraid that you might not have clothes. God will take care of you. Ask God for food and ask Him for the things you need to live. But don't worry about tomorrow. Just ask God for the things you need today."

Jesús les dijo: "Vean las aves. ¿Construyen ellas graneros para guardar alimento para el futuro? No, pero Dios las alimenta. No tengan miedo de que no vayan a tener alimento. No tengan miedo de que no vayan a tener ropa. Dios los va a cuidar. Pídanle a Dios por alimento y pídanle por las cosas que necesitan para vivir. Pero no se preocupen por el día de mañana. Pídanle a Dios lo que necesiten hoy".

Next, Jesus told them, "Look at the flowers. They don't worry about what they wear. Yet God dresses them in the most beautiful colors. To God, you are more important than all the birds. And you are more important than all the flowers on earth. Yet God takes care of the flowers and the birds, so He will also take even better care of you, always!"

Luego, Jesús les dijo: "Vean las flores. Ellas no se preocupen por la vestimenta. Sin embargo, Dios las viste con los colores más hermosos. Para Dios, ustedes son más importantes que todas las aves y que todas las flores de la tierra. Si Dios cuida de las flores y las aves, también va a cuidar de ustedes siempre, ¡y mucho mejor!

Through The Roof to Jesus
A través del techo para ver a Jesús

Mark 2:1-12

Marcos 2:1-12

In every town Jesus entered, He healed people of their illness and forgave their sin. He gave blind people their sight, He gave deaf people their hearing, and He made lame people walk. And everywhere He went, Jesus taught people about God. One day, He was teaching in a house in Capernaum. The house was so crowded with people that no one else could get inside.

En cada pueblo que Jesús llegaba, sanaba personas de sus enfermedades y de sus pecados. Les dio vista a ciegos, hizo que los sordos pudieran escuchar y que los cojos pudieran caminar. A todos los lugares que Él iba, le enseñaba a la gente sobre el amor de Dios.

Un día, estaba enseñando en una casa en Capernaún. La casa estaba tan llena que ya nadie podía entrar.

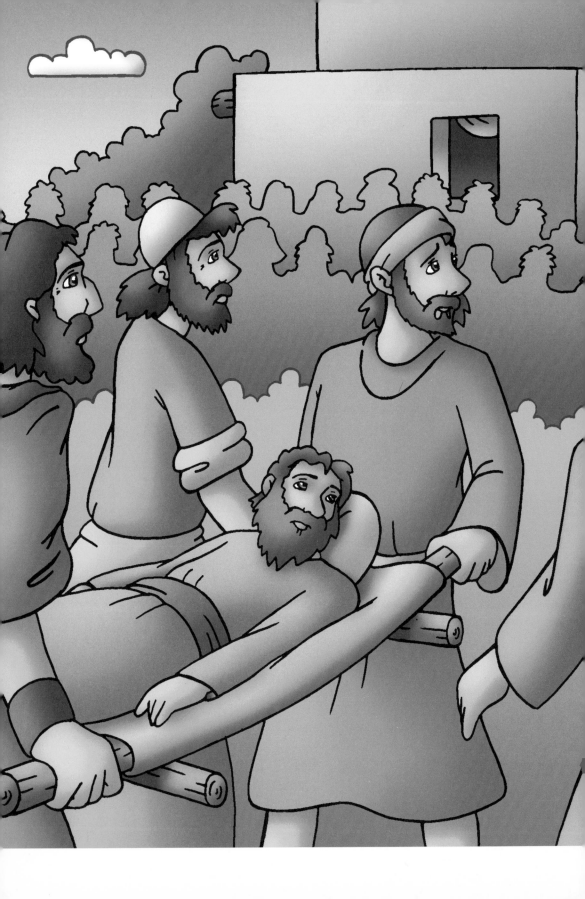

Four men came to the house where Jesus was. They took with them a friend who lay on a stretcher because he could not walk. These men knew that Jesus could make their friend walk again. They tried to take their friend inside, but they could not enter the house because it was too crowded. But they wanted to bring their friend to Jesus, so they didn't give up.

Cuatro hombres vinieron a la casa en donde Jesús se encontraba. Llevaban a un amigo de ellos que estaba acostado en una camilla porque no podía caminar. Estos hombres sabían que Jesús podía hacer que su amigo volviera a caminar. Trataron de entrar con su amigo pero la casa estaba tan llena que no pudieron. Pero ellos querían que Jesús viera a su amigo y no se dieron por vencidos.

Then the men had a smart idea. They climbed up on the roof of the house and carried their friend with them. They made a hole in the roof so they could lower their friend down into the room right in front of Jesus. Everybody looked at the man who was lying on the stretcher.

Entonces los hombres tuvieron una gran idea. Subieron al techo de la casa y cargaron a su amigo con ellos. Hicieron un hueco en el techo para poder bajarlo desde ahí hasta la habitación donde estaba Jesús. Todos se quedaron viendo al hombre que estaba acostado en la camilla.

Jesus was happy to see that the men did so much to bring their friend to Him. He looked at the man and said, "Your sins are forgiven." But the people in the house got angry and said, "Only God can forgive sins." Jesus replied, "You don't believe that I have the power to forgive sins, do you? Well, do you think I have the power to make this man walk?"

Jesús estaba feliz de ver todo lo que estos amigos habían hecho para llevar a este hombre hasta Él. El miró al hombre y le dijo: "Tus pecados son perdonados". Pero la gente que estaba en la casa se puso furiosa. "Solamente Dios puede perdonar los pecados". Jesús les respondió: "¿Ustedes no creen que tengo el poder para perdonar pecados? ¿Entonces, creen que tengo el poder para hacer que este hombre camine?"

Then Jesus said to the man, "Stand up! Pick up your stretcher and go home." Immediately, the man jumped up. He picked up his stretcher and walked right through the crowd. The people who saw this were amazed. They said, "We have never seen anything like this before."

Entonces Jesús le dijo al hombre: "¡Ponte de pie, toma tu camilla y véte a tu casa!" Inmediatamente, el hombre dió un salto. Agarró su camilla y caminó en medio de la multitud. Todos los que vieron esto estaban asombrados. Decían: "Nunca hemos visto algo así".

Two Fish and Five Loaves of Bread
Dos pescafos y cinco panes

John 6:1-14

Juan 6:1-14

On another day, Jesus and His disciples went up in the mountains to spend some time alone. They were far away from town, but people had seen Jesus leave and followed Him. People kept coming until there were more than five thousand who wanted to hear Jesus teach and to have Him heal their diseases. It was now getting late, and everyone was very hungry.

Otro día, Jesús y sus discípulos estaban en las montañas pasando un tiempo a solas. Estaban lejos de la ciudad pero la gente había visto a Jesús cuando se fue y lo siguieron. la gente seguía llegando hasta que habían más de cinco mil personas que querían escuchar las enseñanzas de Jesús y curar sus enfermedades. Ya se estaba haciendo tarde y todos tenían mucha hambre.

The disciples said, "Jesus, ask the people to leave now so they can go home and get something to eat." But they were very far from the town, and Jesus knew it would take the hungry people many hours to get back home. Jesus said to the disciples, "Give these people some food." But the disciples said, "We have no food, and we have no money to buy food for them."

Los discípulos le dijeron: "Jesús, dile a la gente que se vayan ahora para que puedan ir a sus casas a comer". Pero estaban bastante lejos de la ciudad y Jesús sabía que les iba a tomar muchas horas hasta que regresaran a sus casas. Jesús les dijo a los discípulos: "Dénle algo de comer a estas personas". Pero los discípulos le dijeron: "No tenemos comida ni dinero para comprarla".

Then, the disciples saw a little boy who had two fish and five loaves of bread with him. The disciples brought the boy to Jesus and said, "This little boy has some food, and it is all we have found. But it is not enough for all these people." Jesus answered, "Tell the people to sit down on the grass."

Jesus took the food. First, He thanked God for it, and then He began breaking off pieces of the bread and the fish. He then handed out pieces of bread and fish to the disciples and said, "Give this to the people."

Entonces los discípulos vieron a un niño que tenía dos pescados y cinco pedazos de pan. Los discípulos llevaron al niño donde Jesús y le dijeron: "Este niño tiene algo de comer. Es todo lo que encontramos. Pero no es suficiente para tantas personas". Jesús contestó: "Díganle a la gente que se sienten en el suelo".

Jesús tomó la comida. Agradeciendo a Dios primero, y comenzó a partir el pan y los pescados en pedacitos. Luego, les dio los pedazos de pan y pescado a los discípulos y dijo, "Denle esto a las personas".

The disciples passed out bread and fish to everyone who was there.
All the people ate until they were full. Then the disciples gathered the
food that was left. There were twelve baskets full of leftovers! In Jesus'
hands, the little boy's five loaves of bread and two fish fed more than
five thousand people on that day. It was a miracle!

Los discípulos comenzaron a pasar el pan y pescado a todos los que estaban
allí. Todas las personas comieron hasta que ya no tenían más hambre.
Entonces los discípulos recogieron lo que había sobrado. ¡Tenían doce
canastas llenas de comida que había sobrado! En las manos de Jesús, los
dos pescados y cinco pedazos de pan de este niño, dieron de comer a más
de cinco mil personas aquel día. ¡Era un milagro!

Jesus Walks on Water
Jesús camina sobre el agua

Matthew 14:22-32

Mateo 14:22-32

Jesus told His disciples that He wanted to go up on a mountain by Himself. He wanted to spend time praying to God, and He would meet them afterward. So Jesus told the disciples to take a boat and sail across the big lake of Gennesaret. He would meet them on the other side of the lake when He was done praying.

Jesús les dijo a sus discípulos que quería subir a una montaña Él solo. Quería pasar un tiempo orando a Dios y luego se reuniría con ellos. Por esto, les dijo a los discípulos que se subieran a un barco y navegaran para cruzar el lago de Genesaret que era muy grande. Él se encontraría con ellos al otro lado del lago cuando terminara de orar.

Jesus went up to pray, and the disciples set sail in a boat. After they sailed far out on the big lake, a very strong storm with dark, rainy skies suddenly came upon the boat. Big waves crashed against the boat again and again, and the disciples were very frightened. They were afraid their boat would sink.

Jesús fue a orar y los discípulos se fueron a navegar en el barco. Cuando ya estaban bastante adentro del gran lago, comenzó una tormenta muy fuerte y el cielo se puso muy oscuro y empezó a llover. Grandes olas golpeaban el barco una y otra vez y los discípulos tenían mucho miedo. Ellos tenían miedo que el barco se iba a hundir.

Just as it looked like all was lost, Jesus came walking on the water to meet them. In His white clothes, Jesus looked like a ghost to the disciples, and they were even more afraid. But then Jesus called to them, "Don't be afraid. It is Me." Peter wanted to be sure it was Jesus so he called out, "Jesus, if it is You, tell me to come out of the boat and walk on the water to meet You." "Come, Peter," Jesus said. And Peter recognized Jesus' voice.

Cuando ya parecía que todo estaba perdido, llegó Jesús caminando sobre el agua hacia donde ellos. Con sus ropas de color blanco, parecía un fantasma y los discípulos se asustaron aún más. Pero Jesús los llamó: "No tengan miedo. Soy Yo". Pedro quería estar bien seguro que era Jesús quién les estaba hablando y le dijo: "Jesús, si de verdad eres Tú, dime que salga del barco y camine sobre el agua hasta llegar a ti". Jesús le dijo: "Ven Pedro" y Pedró reconoció la voz de Jesús.

Peter stepped out of the boat and onto the water. He walked a short way on the surface of the water just like Jesus! But when Peter looked away from Jesus and down at the big waves, he felt the strong winds blowing and was afraid of the dark sea beneath him. Peter began to sink into the water. He shouted, "Save me, Jesus! Help me!"

Pedro salió del barco al agua. ¡Caminó una corta distancia por encima del agua igual que Jesús! Pero cuando Pedro dejó de mirar a Jesús y miró hacia las grandes olas, sintió el fuerte viento y tuvo miedo del mar oscuro que estaba debajo de él. Pedro comenzó a hundirse en el agua. Comenzó a gritar: "¡Jesús, sálvame, ayúdame!"

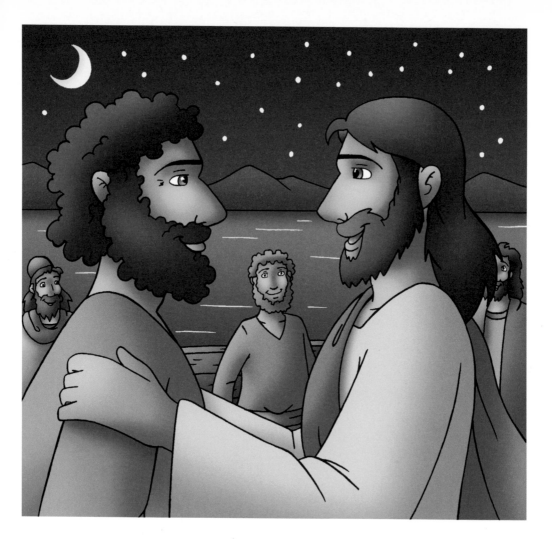

Immediately, Jesus went to Peter, grabbed his hand, and pulled him out of the water. "Peter," Jesus said, "why where you afraid? Why did you not trust Me?" Then they climbed up in the boat and the storm stopped. Jesus' other disciples saw all of this and were astonished. They all said, "Jesus, You are truly God's own Son."

Inmediatamente, Jesús fue hacia donde Pedro, lo tomó de la mano y lo sacó del agua. Jesús le dijo: "Pedro, ¿por qué tuviste miedo? ¿por qué no confiaste en mí?" Entonces se subieron al barco y la tormenta se detuvo. Los demás discípulos de Jesús vieron todo esto y estaban asombrados. Todos dijeron: "Jesús, de verdad que Tú eres el Hijo de Dios".

Jairus's Little Daughter
La pequeña hija de Jairo

Luke 8:40-56

Lucas 8:40-56

A father and mother in Capernaum had a twelve-year-old daughter who was very ill. The doctors did not know how to help her. The father, Jairus, was very worried and sad. But then he remembered Jesus. Jairus had heard a lot about Him and believed that Jesus could heal his little daughter.

Un padre y una madre en Capernaún tenían una hija de 12 años que estaba muy enferma. Los doctores no sabían cómo ayudarla. Su padre, de nombre Jairo, estaba muy preocupado y triste. Pero entonces se acordó de Jesús. Jairo había escuchado mucho acerca de Jesús y creía que Jesús podía sanar a su niña pequeña.

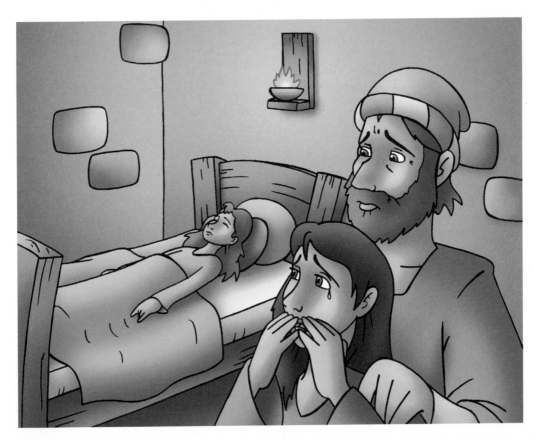

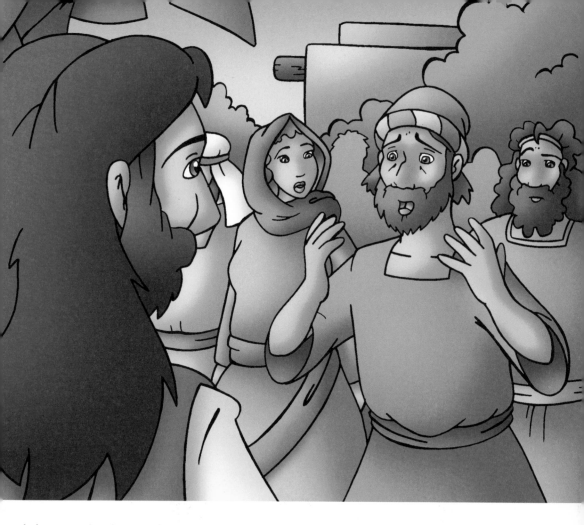

Jairus rushed out of his house to find Jesus. This was easy to do because big crowds of people always surrounded Him. Jairus made his way through the crowd until he stood right in front of Jesus. Jairus begged, "Lord Jesus, please come to my house and place Your hands on my little girl. She is very ill, and I know You can heal her." So Jesus went with Jairus to his house.

Jairo salió apresurado de su casa en busca de Jesús. Esto era fácil pues siempre había grandes grupos de personas rodeando a Jesús donde estuviese. Jairo se hizo paso entre la multitud y llegó frente a Jesús. Jairo le suplicó: "Señor Jesús, por favor ven a mi casa y pon tu mano en mi niña pequeña. Ella está muy enferma y yo sé que Tú la puedes sanar". Entonces Jesús fue con Jairo a su casa.

Before they reached Jairus's house, though, a man came to him and said, "I am so sorry to tell you, but your daughter has died. Now there is no need for Jesus to come and heal her. She is already dead."

Then Jesus said to Jairus, "Do not worry. Your daughter is not dead; she is just sleeping. Trust that I will help you." And Jairus trusted Jesus and was not sad anymore.

Pero antes de que llegaran a la casa, vino un hombre a decirles: "Me da mucha tristeza decirles, pero su hija ha muerto. Ya no hace falta que Jesús venga a sanarla. Ella ya murió".

Entonces Jesús le dijo a Jairo: "No temas. Tu hija no está muerta; sólo está dormida. Confía en que yo te voy a ayudar." Y Jairo confió en Jesús y ya no estaba triste.

When they arrived at Jairus's house, Jesus told the people who where there, "Go outside. She is only sleeping." Then He took Jairus and his wife into the room where the girl was lying in bed.

Jesus held the girl's hand and said, "Little girl, I say to you: Get up." Immediately, her heart started beating again, and she opened her eyes. She was not dead anymore. Jesus had healed her and brought her back to life! Her mother and father were overwhelmed with joy for what Jesus had done, and they thanked and praised God.

Cuando llegaron a la casa de Jairo, Jesús le dijo a la gente que estaba allí: "Vayan afuera. Ella solo está dormida". Entonces Jesús llevó a Jairo y a su esposa a la habitación donde estaba la niña acostada en su cama.

Jesús tomó la mano de la niña y dijo: "Niñita, a ti te digo: Levántate". En ese mismo momento, su corazón comenzó a latir otra vez y la niña abrió sus ojos. Ya no estaba muerta. ¡Jesús la había sanado y vuelto a la vida! Su madre y su padre estaban llenos de gozo por lo que Jesús había hecho y le dieron gracias y alabaron a Dios.

The Good Shepherd
El buen pastor

Luke 15:1-7 & John 10:11

Lucas 12:1-7 y Juan 10:11

Jesus loved to tell stories and people loved listening to them. His stories always taught important things about who God is and what He is doing.

"Listen to this story about a shepherd," Jesus said one day.

Jesús amaba contar historias y la gente amaba escucharlas porque sus historias siempre enseñaban cosas importantes sobre quién es Dios y lo que está haciendo.

"Escuchen esta historia sobre un pastor", dijo Jesús un día.

"The shepherd had one hundred sheep and he took very good care of them. Every day, he led the sheep to fresh green grass and water so they had all they needed. The shepherd knew every one of his one hundred sheep so well that he could tell if they were doing well or if some of them were about to get ill.

"El pastor tenía cien ovejas y las cuidaba muy bien. Todos los días, llevaba a las ovejas a comer hierba muy verde y fresca y tomar agua para que tuvieran todo lo que necesitaban. El pastor conocía a cada una de sus cien ovejas tan bien que sabía si estaban bien o si alguna estaba enferma".

"The sheep learned to stay close to the shepherd because they knew everything would be fine as long as they were in his sight. Every evening when they returned home, the shepherd carefully counted all his sheep to be sure they were all there. Then he locked them behind fences so they would be safe from the wild animals for the night.

"Las ovejas aprendieron a mantenerse cerca del pastor pues sabían que estarían bien mientras estuvieran donde él las pudiera ver. Cada noche cuando regresaban a la casa, el pastor las contaba cuidadosamente para estar seguro que las tenía a todas. Luego las colocaba dentro de la cerca para que estuvieran seguras de los animales salvajes de la noche".

"But one evening, as the shepherd counted his sheep, he realized that one was missing. He counted ninety-nine, so he knew one sheep was lost somewhere. It was now getting dark, but the shepherd knew he had to leave the ninety-nine sheep inside the fence and go out to find the one sheep that was missing.

"Pero una noche, mientras el pastor contaba sus ovejas, se dio cuenta que había una perdida. Contó 99, por lo cual el sabia que se había perdido una oveja en algún lugar. Ya estaba oscureciendo pero el pastor sabía que tenía que dejar a las 99 ovejas dentro de la cerca e ir a buscar a la que estaba perdida".

"The shepherd went out searching in the dark wilderness. As the sun was setting, the shepherd went further and further away to find his lost sheep. Then, suddenly, he heard the sheep bleating and he rushed to find it. When he found the sheep, he placed it on his shoulders and carried it all the way back home. The shepherd was very happy because his sheep that had been lost was found again.

"El pastor fue a buscarla en la oscuridad del campo. Mientras el sol se estaba escondiendo, el pastor iba cada vez más lejos para encontrar a la oveja perdida. De repente, escuchó el gemido de la oveja y corrió a buscarla. Cuando encontró a la oveja, la colocó en sus hombros y la cargó de regreso a la casa. El pastor estaba muy contento porque había encontrado a su oveja que estaba perdida".

Jesus then said, "I told you this story to help you understand that God is exactly like this good shepherd who loves his sheep. If any person sins and strays from God, He will search for that person and bring him back to Him no matter what it requires. And, just like the good shepherd in the story, God is very happy when that person comes back to Him. God's joy is even greater than the shepherd's because people are so much more valuable to God than sheep are."

Entonces Jesús dijo: "Les cuento esta historia para ayudarles a entender que Dios es exactamente como el pastor que ama a sus ovejas. Si alguna persona peca y se aleja de Dios, Él la buscará para traerla de regreso a Él sin importar lo que haya que hacer. Y como el buen pastor de esta historia, Dios es muy feliz cuando esa persona regresa a Él. El gozo de Dios es mayor que el del pastor porque las personas tienen mucho más valor para Dios que las ovejas".

The Lost Son Comes Home
El hijo perdido regresa a la casa

Luke 15:11-32

Lucas 15:11-32

Jesus told another story about being lost and found. It was about a wealthy man who had two grown sons. The younger son wanted to leave his father and his home. He wanted to go explore the world and live on his own.

Jesús contó otra historia acerca de estar perdido y ser encontrado. Se trataba de un hombre rico que tenía dos hijos ya grandes. El más joven de los hijos quería dejar a su padre e irse de la casa. Quería ir a explorar el mundo y vivir solo.

The younger son said, "Father, you promised to give me part of your money someday. Let me have it now so I can explore the world and have fun." The father was sad that his son wanted to leave home, but he did as his son asked and gave the money to him. The younger son then went far away to live in another country.

El hijo menor le dijo: "Padre, tú me prometiste darme parte de tu dinero algún día. Dámelo ahora así puedo ir a explorar el mundo y divertirme". El padre estaba triste que su hijo quería irse de la casa pero le dio el dinero que el hijo pedía. El hijo menor se fue lejos a vivir en otro país.

At first, the son had many new friends because he spent his money on them, and they went to parties all the time. It was an easy life. But then, the son ran out of money. When his new friends realized this, they went to find someone else to be friends with. They left the son alone and gave him no help at all.

Al principio, el hijo tenía muchos nuevos amigos y gastó su dinero con ellos y en muchas fiestas. Era una vida fácil. Pero luego, el hijo se quedó sin dinero. Cuando sus nuevos amigos se dieron cuenta que ya no tenía más dinero, se fueron a buscar otro nuevo amigo. Lo dejaron solo y no lo ayudaron para nada.

The younger son then found a job feeding pigs. It was very hard work, and the son was so hungry he wanted to eat the food he fed to the pigs. He was very sad, and he was afraid to go back home because he had disappointed his father and had spent all his money.

But one day, the son said, "The servants who work for my father have more food than I have here in this pig pen. I will go back home and ask my father if I can become a servant and work for him."

El hijo menor encontró un trabajo dándole de comer a unos cerdos. Era un trabajo muy duro y el hijo tenía tanta hambre que quería comer de la comida que les daba a los cerdos. Estaba muy triste y tenía miedo de regresar a su casa porque había decepcionado a su padre y se había gastado todo su dinero.

Pero un día, el hijo dijo: "Los sirvientes que trabajan para mi padre tienen más comida que lo que yo tengo en este corral de cerdos. Voy a regresar a la casa de mi padre y le pediré que me permita trabajar como uno de sus sirvientes".

With that, the younger son went back home to his father. When he was almost home, he saw his father running down the road to meet him. The kind father had been watching every day to see if he would come back, so he was very happy to see his son again.

Con esto en mente, el hijo menor regresó a la casa de su padre. Cuando ya había casi llegado a la casa, vio a su padre que iba corriendo a recibirlo. El padre tierno había estado pendiente todos los días a ver si su hijo regresaba y estaba muy feliz de ver otra vez a su hijo.

The father hugged and kissed his son. The son said, "Father, I have wasted your money and I do not deserve to be your son anymore. But may I work as a servant here in your house?" The father answered, "No, you cannot be a servant. You are my son and I am so happy that you are home again. We will have a big party and celebrate that my son who was lost has come home to me again."

When Jesus told this story, people listened very closely. Jesus said that God is exactly like the father in this story. Even when we do wrong things and ignore God, we can be sure that we can always turn back to Him. We will always be His dear children, and God will always welcome us.

Su padre le dio beso y abrazo a su hijo. El hijo le dijo: "Padre, he gastado todo tu dinero y no merezco ser tu hijo. ¿Podría trabajar como un sirviente en tu casa?" El padre le respondió: "No, no puedes ser un sirviente. Tú eres mi hijo y yo estoy muy feliz que hayas regresado. Tendremos una gran fiesta para celebrar que mi hijo que estaba perdido, ha regresado a mí otra vez".

Cuando Jesús contó esta historia, todos escuchaban con atención. Jesús dijo que Dios es exactamente como este padre de la historia. Aún cuando hacemos cosas malas e ignoramos a Dios, podemos estar seguros que podemos regresar a Él. Siempre seremos sus hijos amados y Dios siempre nos dará la bienvenida.

The Good Samaritan
El buen samaritano

Luke 10:25-37

Lucas 10:25-37

Many people asked Jesus questions to learn from Him. But some people were His enemies. They wanted to trick Him into saying something that was wrong or false. So, quite often, Jesus answered these tricky questions by telling a story.

One day, some of the religious leaders in Israel came to Jesus and said, "The most important law is to love God completely and love your neighbor as yourself. But who is our neighbor?" They hoped Jesus would give them a wrong answer so they could criticize Him.

Mucha gente le hacía preguntas a Jesús para aprender de Él. Pero algunas personas eran sus enemigos. Querían hacerle trampas para que dijera algo que no era correcto o era falso. Con mucha frecuencia, Jesús contestaba estas preguntas difíciles contando una historia.

Un día, algunos de los líderes religiosos de Israel fueron a visitar a Jesús y le dijeron: "La ley más importante es amar a Dios completamente y amar a su prójimo como a uno mismo. ¿Pero quién es nuestro prójimo?" Ellos esperaban que Jesús les diera una respuesta equivocada para poder criticarlo.

Jesus answered their question by telling this story. A Jewish man traveled from Jerusalem to Jericho. To get there, he had to travel a very dangerous road. As he was walking, some robbers jumped on him, beat him up, and stole all of his money. They left the man lying beside the road. He was bleeding and could not walk, but the robbers did not care about him and left him to die.

Jesús respondió su pregunta contando esta historia. Un hombre judío viajaba de Jerusalén hacia Jericó. Para llegar hasta allá, tenía que viajar por un camino muy peligroso. Mientras caminaba, unos asaltantes lo atacaron, lo golpearon y le robaron todo su dinero. Dejaron al hombre tirado junto al camino. Estaba sangrando y no podía caminar pero los ladrones no se preocuparon por él y lo dejaron para que se muriera.

After a little while, a priest from the temple in Jerusalem came by. You would expect that such a man would stop to help, but although he could see the man lying and bleeding, the priest hurried on his way and did not stop to help the poor man.

Luego de un rato, un sacerdote del templo de Jerusalén pasó por el lugar. Uno esperaría que esta persona se detuviera a ayudarlo, pero aunque podía ver al hombre tirado y sangrando, el sacerdote apresuró su paso y no se detuvo a ayudar al pobre hombre.

A little later, another man, a Levite, came by and saw the injured man (a Levite was a priest who worked in the Jerusalem temple by helping with many practical things). Again, you would expect that a Levite who worked in God's temple would help the man who was hurt so badly. But he also looked the other way and did not stop.

Un rato más tarde, pasaba un levita y vio al hombre herido. (Un levita es un sacerdote que trabaja en el templo de Jerusalén ayudando a muchas personas en cosas prácticas.) Otra vez, uno esperaría que un levita que trabajaba en el templo de Dios ayudara a una persona herida tan gravemente. Pero él también miró hacia otra dirección y no se detuvo.

After a while, a third man came along. This man was from Samaria. Jewish people and Samaritan people were enemies. They usually stayed away from each other. But when this Samaritan man saw the bleeding man, he stopped his donkey and got off. He gave the injured man some water and cleaned his wounds. Then he took the man to a nearby town and found an inn.

Después de otro rato, pasó un tercer hombre. Este hombre era de Samaria. Los judíos y los samaritanos eran enemigos. Siempre trataban de mantenerse alejados los unos de los otros. Pero cuando este samaritano vio a este homnre que estaba sangrando, detuvo a su asno y se bajó. Le dio agua para tomar al hombre herido y limpió sus heridas. Entonces llevó al hombre al pueblo más cercano y buscó una posada donde hospedarlo.

The Samaritan man gave money to the innkeeper and said, "Take care of this man. I will pay whatever it costs for him to get well again."

After telling this story, Jesus asked, "Tell Me, which of these men acted like a good neighbor to the man who was hurt?" The people listening to Jesus answered, "The one who helped him, the man from Samaria." And Jesus said, "Then you should also be kind to everyone you meet, even to your enemies."

El hombre samaritano le dio dinero al dueño de la posada y le dijo: "Cuide a este hombre. Yo le voy a pagar lo que le cueste hasta que esté recuperado".

Luego de contar la historia, Jesús preguntó: "Díganme, ¿cuál de estos hombres actuó como un buen vecino con este hombre que estaba herido?" Las personas que estaban escuchando la respuesta de Jesús dijeron: "El que lo ayudó, el hombre de Samaria". Y Jesús les dijo: "Entonces deben ser amables con todas las personas que encuentren, aún con sus enemigos".

The Farmer and the Good Soil
El agricultor y la buena tierra

Matthew 13:1-23

Mateo 13:1-23

Jesus once told a story about a farmer who was planting his crop. With his big bag of seeds, the farmer went out to his field and tossed the seeds here and there, all over his field. This was the way farmers in those days would plant crops. Some of the seeds fell on the path where people and animals walked every day. The ground there was hard, and the seeds could not grow roots into the soil. Birds came and ate the seeds.

Jesús una vez contó una historia acerca de un agricultor que estaba sembrando para la cosecha. Con su gran bolsa de semillas, el agricultor fue al campo y comenzó a esparcir semillas de aquí para allá por todo el terreno. Ésta era la forma en que los agricultores plantaban las semillas. Algunas de las semillas cayeron en el camino donde las personas y los animales caminaban. La tierra estaba dura y las semillas no podían echar raíces en este terreno. Las aves llegaron y se comieron las semillas.

Some of the other seeds fell where the ground was covered with stones and had only a thin layer of soil. As soon as the sun and the rain came, the seeds started to grow. But the roots of the little plants could not grow deeply enough into the soil. In the heat of the bright sun, the plants quickly dried out and died.

Algunas de las otras semillas cayeron en el suelo que estaba cubierto de piedras y solo tenía una capa fina de tierra. Cuando vino la lluvia y el sol, las semillas comenzaron a crecer. Pero las plantas pequeñas no podían echar raíces profundas en la tierra. Con el calor del sol, las plantitas se secaron y murieron rápido.

Still other seeds fell in places where weeds and thorns grew. The seeds began to take root here too. But the weeds and the thorns were very thick and grew faster than the new, little plants. The weeds took all the sunlight and water, and the new plants lasted only a few days before they died.

Otras semillas cayeron en lugares donde había espinas y mala hierba. Las semillas comenzaron a echar raíces también. Pero la mala hierba y las espinas eran muy gruesas y crecían más rápido que las plantitas nuevas. Las malas hierbas tomaban todo el sol y el agua y las nuevas plantas solo duraron unos pocos días antes de morir.

The rest of the seeds fell on good soil where there were no stones, no weeds, and no thorns. The plants put down deep roots and quickly grew big and tall and strong. The farmer had a wonderful harvest from the seeds that fell in the good ground.

El resto de las semillas cayó en buena tierra donde no había piedras, mala hierba, o espinas. Las plantas echaron raíces profundas y crecieron grandes y fuertes rápidamente. El agricultor tuvo una muy buena cosecha de las semillas que cayeron en buena tierra.

When Jesus finished this story, His disciples asked what it meant. Jesus told them, "This story is really about how people listen to what I say. The field is like the world we live in, and the seeds are My words. The birds, the soil covered with stones, and the weeds and thorns are like different people and how they listen to My words. Some people don't listen at all because their hearts are hard like the ground along the path.

Cuando Jesús terminó la historia, sus discípulos le preguntaron qué quería decir. "Esta historia en realidad se trata sobre cómo las personas escuchan lo que yo digo. El campo es como el mundo en que vivimos y las semillas son mis palabras. Las aves, el suelo cubierto de piedras y las espinas y mala hierba son las diferentes personas que escuchan mis palabras. Algunas personas no escuchan nada porque sus corazones están endurecidos como la tierra en el camino.

Other people listen carefully at first, but then quickly lose interest. They are like the soil filled with stones. The third kind of people are like the soil with weeds and thorns. They start out being very excited about My words, but after a little while, they start to worry about many things. They worry about money and having enough food; all their worries fill them up so much that their love for God dies."

Otras personas escuchan con atención al principio pero luego pierden interés rápidamente. Estos son como la tierra llena de piedras. El tercer tipo de personas son como el terreno con espinas y mala hierba. Comienzan muy emocionados con mis palabras pero poco tiempo despúes, comienzan a preocuparse sobre muchas cosas. Se preocupan por el dinero o por tener suficiente comida y todas las preocupaciones los llenan tanto que su amor por Dios se muere".

"Finally, there are people who are like the good soil in the story. They listen to what I teach them about God. And God's love grows in their hearts every day, just like a strong plant that grows a little day by day. These people are filled with true joy because they believe in Me and live by My words."

"Finalmente, están las personas que son como la buena tierra en la historia. Escuchan lo que les enseño sobre Dios. Y el amor de Dios crece en sus corazones cada día, al igual que una planta fuerte que crece un poco todos los días. Estas personas están llenas de gozo verdadero porque viven en mí y en mis palabras".

The Treasure and the Beautiful Pearl
El tesoro y la perla hermosa

Matthew 13:44-46

Mateo 13:44-46

Jesus once told two short stories about God's kingdom. A worker was plowing a field that belonged to someone else. Suddenly, his plow struck something very hard. The man stopped plowing and started digging in the ground to find out what it was. He thought that it was probably just a big rock and wanted to remove it from the field so he could keep plowing.

Una vez, Jesús contó dos historias cortas sobre el reino de Dios. Un trabajador estaba labrando un campo que pertenecía a otra persona. De repente, su máquina de labrar encontró un objeto duro. El hombre se detuvo y comenzó a cavar en la tierra para ver qué era. Pensó que quizás había sido una piedra grande y quería sacarla del campo para poder seguir labrando.

But what a surprise! There, in the field, was a box filled with a costly treasure. Quickly, the man covered the box back up with dirt and buried the treasure in the field. Then he rushed to town, where he sold everything he owned so he would have enough money to buy the field. He used all of his money to pay the owner for the field. Now the treasure that was buried there was his, and he was filled with joy.

¡Pero qué sorpresa! Allí, en el campo, encontró una caja llena de un tesoro muy costoso. Rápidamente, el hombre enterró el tesoro en el campo y lo cubrió con tierra. Se apresuró para llegar al pueblo y vendió todo lo que tenía para conseguir suficiente dinero para comprar el campo. Usó todo su dinero para pagarle al dueño del campo. Ahora el tesoro que estaba enterrado era suyo y estaba muy feliz.

Another man bought and sold pearls. Everywhere he went, he looked for beautiful and expensive pearls that he could buy and then sell again to make money.

Otro hombre compraba y vendía perlas. A todos los sitios que el iba, buscaba perlas hermosas y costosas que pudiera comprar y luego vender para ganar dinero.

One day, the man saw a very special pearl. It was the most beautiful pearl he had ever seen. The man said to himself, "I must have this one perfect pearl. I will never sell it. I will always keep it for myself."

Un día, el hombre vió una perla muy especial. Era la perla más hermosa que había visto. Se dijo a sí mismo: "Debo quedarme esta perla perfecta. Nunca la voy a vender. La voy a guardar para siempre".

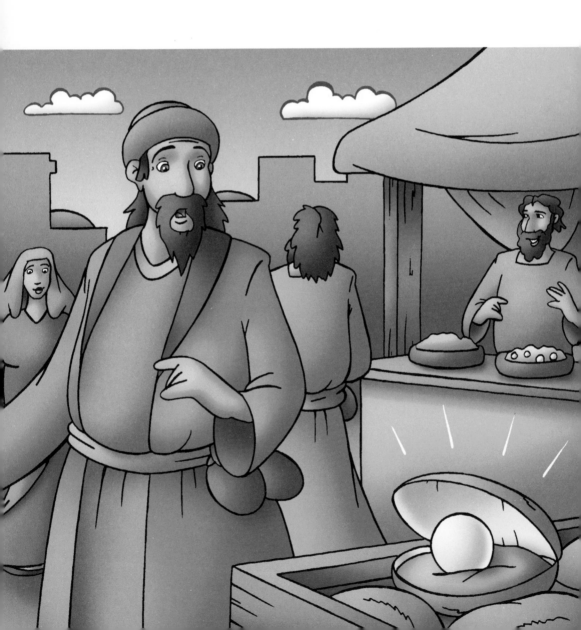

So, the man sold everything he had, including all of his other pearls, and he bought the one very special pearl. Now he was happier than he had ever been. Jesus told these stories to help people understand that God's kingdom is worth more than anything else in this world. It is the most precious treasure we could ever find. It is worth giving up everything else in this life.

Entonces el hombre vendió todo lo que tenía, incluyendo las otras perlas, y compró la perla especial. Ahora estaba más feliz que nunca. Jesús contó estas historias para ayudar a la gente a entender que el reino de Dios vale más que cualquier otra cosa en el mundo. Es el tesoro más preciado que podemos encontrar. Vale la pena dar todo en la vida por el.

The Lord's Prayer

Matthew 6:10-14 & Luke 11:2-4

One day, the disciples asked Jesus, "Lord, would You teach us how to pray?" He answered them by teaching them how to pray to God, our Father, everyday:

Our Father in heaven,
hallowed be Your name.
Your Kingdom come,
Your will be done,
on earth as in heaven.
Give us today our daily bread.
Forgive us our sins,
as we forgive those who sin against us.
Lead us not into temptation,
but deliver us from evil.
For Yours is the kingdom and the power
and the glory.
Forever and ever. Amen

Un día, los discípulos le dijeron a Jesús:
"Enséñanos a orar". Él les respondió
enseñándoles cómo orar a Dios, nuestro
Padre, todos los días:
Padre nuestro que estás en los cielos,
Santificado sea tu nombre.
Venga tu reino
Hágase tu voluntad
Así en la tierra como en el cielo.
Danos hoy el pan de cada día.
Y perdona nuestras ofensas,
Así como nosotros perdonamos a los que
nos ofenden.
No nos dejes caer en tentación,
Mas líbranos del mal.
Porque tuyo es el reino, el poder y la gloria
Por siempre, Amén.

El Padrenuestro

Mateo 6:10-14 y Lucas 11:2-4

Un día, los discípulos le dijeron a Jesús: "Enséñanos a orar". Él les respondió enseñándoles cómo orar a Dios, nuestro Padre, todos los días:

317

Lazarus, Wake Up!
Lázaro, ¡levántate!

John 11:1-44

Juan 11:1-44

Jesus often visited two sisters who lived in a town called Bethany. Their names were Martha and Mary. They had a brother named Lazarus, who was also Jesus' friend. One day, Lazarus became very sick. Mary and Martha sent a message to Jesus to come and see Lazarus and heal him. When Jesus heard that his good friend was sick, He said something strange. "Lazarus is not going to die," Jesus said. "He is only sleeping. And I will come and wake him up when I get back to Bethany."

Jesús visitaba con frecuencia a dos hermanas que vivían en un pueblo llamado Betania. Sus nombres eran Marta y María. Ellas tenían un hermano llamado Lázaro y él también era amigo de Jesús. Un día, Lázaro se enfermó. Marta y María le enviaron un mensaje a Jesús para que viniera a ver a Lázaro y lo sanara. Cuando Jesús supo que su buen amigo estaba enfermo, dijo algo extraño. "Lázaro no va a morir", dijo Jesús. "Él sólo está dormido. Y yo voy a ir a despertarlo cuando regrese a Betania".

By the time Jesus finally came to Bethany, Lazarus had already died. He had been in the tomb for four days. When Martha heard Jesus was near, she went out to meet Him and said, "Lord, if You had only been here sooner, Lazarus would not have died." But Jesus said, "Your brother will rise from the dead. Take Me to where Lazarus has been put to rest."

Para cuando Jesús finalmente llegó a Betania, Lázaro ya había muerto. Había estado en la tumba por cuatro días. Cuando Marta supo que Jesús estaba cerca, fue a recibirlo y le dijo: "Señor, si hubieses llegado antes, Lázaro no hubiera muerto". Pero Jesús le dijo: "Tu hermano se levantará de la muerte. Llévame al lugar donde han puesto a Lázaro".

Mary, Martha, and some of their friends took Jesus to the grave where Lazarus had been placed. There was a big stone in front of the entrance. "Here is where Lazarus is buried," they said. When Jesus saw the grave where His good friend lay dead, He cried. Then He commanded the big stone to be pushed out of the away.

María, Marta y algunos de sus amigos llevaron a Jesús a la tumba donde Lázaro había sido colocado. Había una piedra muy grande en la entrada. "Aquí es donde Lázaro está enterrado", le dijeron. Cuando Jesús vio la tumba en la cual su buen amigo había sido enterrado, Él lloró. Luego, ordenó que movieran la gran piedra.

Jesus prayed to God. Then, with a loud voice, Jesus shouted, "Lazarus! Lazarus, come out here!" And Lazarus, wrapped with pieces of cloth, came walking out of the grave. He had died, but Jesus made him alive again! All who saw this were completely astonished to see that God had given Jesus the power to raise Lazarus from the dead.

Jesús oró a Dios. Luego con voz muy fuerte, Jesús gritó: "¡Lázaro! ¡Lázaro, ven aquí afuera!" Y Lázaro, envuelto en una manta, salió caminando de la tumba. Él había muerto, ¡pero Jesús le dio vida otra vez! Todos los que vieron esto estaban completamente asombrados al ver que Dios le había dado a Jesús el poder de levantar a Lázaro de los muertos.

Jesus and Children
Jesús y los niños

Luke 18:15-17

Lucas 18:15-17

Jesus often showed that He has a very special, loving heart for children. One day, some mothers tried to bring their little children to Jesus. They wanted Jesus to put His hands on them and bless them. But the disciples tried to keep the children away from Him. They thought Jesus was much too busy with more important things and did not have time for little children.

Jesús mostraba con frecuencia tener un corazón muy especial y amoroso por los niños. Un día, algunas madres trataron de llevar a sus niños hasta Jesús. Querían que Jesús pusiera sus manos sobre ellos y los bendijera. Pero los discípulos trataron de mantener a los niños alejados de Él. Ellos pensaron que Jesús estaba muy ocupado con cosas más importantes y no tenía tiempo para los niños pequeños.

But when Jesus saw the disciples trying to send the children away, He said, "No! You must not keep these little children away from Me. I tell you this: If you are not like these small children, you will never enter God's kingdom. Let the little children come to Me for they belong to God." And Jesus received the children and put His hands on them and blessed them.

Pero cuando Jesús vio que los discípulos estaban tratando que los niños se fueran, les dijo: "¡No! No deben mantener a los niños alejados de mí. Les digo que si no son como estos niños pequeños, no podrán entrar en el reino de Dios. Dejen que los niños se acerquen a mí pues ellos pertenecen a Dios". Y Jesús recibió a los niños y puso sus manos sobre ellos y los bendijo.

Zacchaeus Was a Little Man
Zaqueo era un hombre pequeño

Luke 19:1-10

Lucas 19:1-10

A man named Zacchaeus lived in Jericho. He working as a tax collector for King Herod. No one liked Herod, and therefore, people did not like tax collectors either. They especially didn't like Zacchaeus because he often cheated people and made them pay more taxes than they owed. Then he kept the extra money for himself.

Un hombre llamado Zaqueo vivía en Jericó. Trabajaba como cobrador de impuestos para el Rey Herodes. A nadie le simpatizaba el Rey Herodes por lo que tampoco simpatizaban con los cobradores de impuestos. Especialmente, no simpatizaban con Zaqueo porque con frecuencia le mentía a las personas y les hacía pagar más impuestos de lo que debían. Y se quedaba con el dinero adicional para él.

Zacchaeus was a very little man. When he heard that Jesus was coming through Jericho, he went out to the street to see Him. But Zacchaeus was not tall enough to see over the crowd of people. So he climbed up in a tall tree where he could sit and watch Jesus. Now Zacchaeus could see Jesus coming toward them.

Zaqueo era un hombre muy pequeño de estatura. Cuando escuchó que Jesús iba para Jericó, fue a la calle para verlo. Pero Zaqueo no era lo suficientemente alto para poder verlo en medio de la multitud. Por lo tanto, se subió a un árbol alto para poder sentarse y ver a Jesús. Ahora Zaqueo podría ver cuando Jesús estuviese llegando.

Everyone was surprised when Jesus stopped at the tree where Zacchaeus was. Jesus looked up and said, "Zacchaeus, come down. Today I want to eat dinner at your house." Zacchaeus quickly came down from the tree and took Jesus and the disciples to his house.

Todos se sorprendieron cuando Jesús se detuvo frente al árbol donde estaba Zaqueo. Jesús miró hacia arriba y le dijo: "Zaqueo, baja del árbol. Hoy quiero cenar en tu casa". Zaqueo se bajó bien rápido del árbol y llevó a Jesús y a los discípulos a su casa.

Zacchaeus was so happy Jesus wanted to come and have dinner with him. He knew he was a bad person, cheating people when he collected tax money from them. He could not understand that Jesus had come to his house because he was a sinner.

Zacchaeus listened carefully to Jesus' words about forgiveness. Then he said, "From now on, I want do what is right. I'm going to give half of my money to poor people. And I will pay back anyone I have cheated." Jesus was very happy with this and said, "Zacchaeus, I have come to save people exactly like you."

Zaqueo estaba tan feliz que Jesús quisiera ir a cenar con él. Él sabía que había sido una mala persona, que le había mentido a la gente cuando cobraba los impuestos. No podía entender por qué Jesús venía a su casa puesto que él era un pecador.

Zaqueo escuchó con atención las palabras de Jesús sobre el perdón. Entonces le dijo: "De ahora en adelante, quiero hacer lo correcto. Les daré la mitad de mi dinero a los pobres. Y le voy a devolver el dinero a los que he engañado". Jesús estaba muy feliz con esto y le dijo: "Zaqueo, yo he venido a salvar a gente como tú".

Entering Jerusalem
Entrando a Jerusalén

Matthew 21:1-11

Mateo 21:1-11

When it was time to celebrate the Passover, Jesus traveled to Jerusalem to be with His disciples. Along the way to Jerusalem, Jesus sent two of His disciples into a small town. "Go into the town where you will see a donkey and her colt," He said to them. "Bring the colt to Me. If anyone asks you what you are doing, tell them 'The Lord needs it.' "

Cuando era tiempo de celebrar la Pascua, Jesús viajó a Jerusalén para estar con sus discípulos. De camino a Jerusalén, Jesús envió a dos de sus discípulos a un pueblo pequeño. "Vayan al pueblo donde verán una asna y su potro", les dijo. "Tráiganme el potro. Si alguien les pregunta qué están haciendo, díganle 'El Señor lo necesita'".

When the disciples came to the village, they found a donkey and her colt, just like Jesus said they would. When they took the colt, some men came and said, "Why are you taking the colt? It is not yours!" The disciples answered, "The Lord needs it." The men knew that Jesus needed the colt, so they let the disciples have it.

Cuando los discípulos llegaron a la aldea, encontraron a la asna y su potro, tal como Jesús les había dicho. Cuando tomaron el potro, unos hombres les preguntaron: "¿Por qué se están llevando el potro? ¡No es de ustedes!" Los discípulos respondieron: "El Señor lo necesita". Los hombres supieron que Jesús necesitaba el potro por lo cual dejaron que los discípulos se lo llevaran.

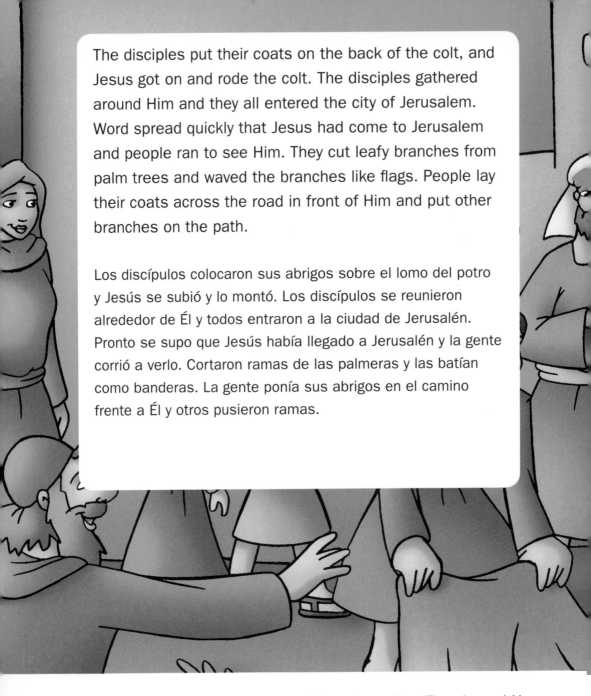

The disciples put their coats on the back of the colt, and Jesus got on and rode the colt. The disciples gathered around Him and they all entered the city of Jerusalem. Word spread quickly that Jesus had come to Jerusalem and people ran to see Him. They cut leafy branches from palm trees and waved the branches like flags. People lay their coats across the road in front of Him and put other branches on the path.

Los discípulos colocaron sus abrigos sobre el lomo del potro y Jesús se subió y lo montó. Los discípulos se reunieron alrededor de Él y todos entraron a la ciudad de Jerusalén. Pronto se supo que Jesús había llegado a Jerusalén y la gente corrió a verlo. Cortaron ramas de las palmeras y las batían como banderas. La gente ponía sus abrigos en el camino frente a Él y otros pusieron ramas.

The people of Jerusalem celebrated Jesus' coming. They hoped He would be their new king and throw out the Roman soldiers. They shouted, "Blessed is He who comes in the name of the Lord! Hosanna in the highest!" This day is called Palm Sunday.

El pueblo de Jerusalén celebró la llegada de Jesús. Ellos esperaban que Él fuera su nuevo Rey y se deshiciera de los soldados romanos. Le gritaban: "Bendito el que viene en el nombre del Señor! ¡Hosana en las alturas!" A ese día se le llama Domingo de Ramos.

A Very Special Meal
Una cena muy especial

Mark 14:12-26

Marcos 14:12-26

Jesus and the disciples had come to Jerusalem to celebrate the Passover together. Passover was a time for Jewish people to remember how God had helped Moses and the Israelites escape from Pharaoh in Egypt. Jesus and His disciples met in a house to celebrate the Passover meal. During the meal, Jesus took some of the bread and thanked God for it. Then He gave bread to each of the disciples. "This is My body," He told them.

Jesús y los discípulos habían ido a Jerusalén a celebrar la Pascua juntos. La Pascua era un tiempo donde los judíos recordaban cómo Dios había ayudado a Moisés y a los israelitas a escapar del faraón en Egipto. Jesús y sus discípulos se reunieron en una casa para celebrar la cena de la Pascua. Durante esta cena, Jesús tomó pan y le dio gracias a Dios por él. Luego le dio del pan a cada uno de los discípulos. "Éste es mi cuerpo", les dijo.

While they were eating, Jesus said something strange. "One of you has made an evil plan against Me and is going to help My enemies." The disciples were very surprised to hear this and wondered who among them would do such a wicked thing. Jesus then took a piece of bread, dipped it in some sauce, and handed the bread to Judas. He said, "Judas, go and do what you have to do." Without saying a word, Judas got up from his seat, left the room, and went into the night. Only Jesus and Judas knew what the evil plan was about.

Mientras comían, Jesús dijo algo extraño. "Uno de ustedes ha hecho un plan malvado contra mí y va a ayudar a mis enemigos". Los discípulos estaban muy sorprendidos cuando escucharon esto y se preguntaban quién de ellos podría hacer algo tan terrible. Entonces Jesús tomó un pedazo de pan y lo mojó en un poco de salsa y se lo dió a Judas. Le dijo: "Judas, vé a hacer lo que tienes que hacer". Sin decir una palabra, Judas se levantó de su asiento y se fue. Sólo Jesús y Judas sabían cuál era ese plan malvado.

Next, Jesus took a cup of the wine. He prayed and thanked God for it, and told the disciples to drink some of the wine. "This is My blood. It is given for you for the forgiveness of sins." Jesus told them, "I cannot be with you much longer. When I am no longer here, you shall eat bread and drink wine together like this meal we are having. When you do, remember Me and everything I have taught you." Jesus knew that it was almost time for Him to suffer and die in Jerusalem. But the disciples could not yet understand what was going to happen.

Luego, Jesús tomó una copa de vino. Oró y le dio gracias a Dios por ella y le dijo a los discípulos que tomaran de ese vino. "Ésta es mi sangre dada para el perdón de sus pecados". Jesús les dijo. "No voy a poder estar con ustedes por mucho más tiempo. Cuando ya no esté, deben comer del pan y beber de la copa juntos como lo hemos hecho en esta cena que estamos teniendo. Cuando lo hagan, acuérdense de mí y de todo lo que les he enseñado". Jesús sabía que ya estaba llegando el momento en que Él sufriría y moriría en Jerusalén. Pero los discípulos todavía no podían entender lo que estaba sucediendo.

In the Garden of Gethsemane
En el jardín de Getsemaní

Mark 14:32-51

Marcos 14:32-51

When they finished the meal, Jesus and His disciples went to a garden in Jerusalem. The garden was called Gethsemane. Jesus said to the disciples, "Please, stay awake and pray with Me tonight." But the disciples were tired and fell asleep. Jesus was all alone as He prayed.

Cuando terminaron la cena, Jesús y sus discípulos se fueron a un jardín en Jerusalén. El jardín se llamaba Getsemaní. Jesús le dijo a los discípulos: "Por favor, no se duerman y oren conmigo esta noche". Pero los discípulos estaban cansados y se durmieron. Jesús estaba solo mientras oraba.

While Jesus was praying to God, Judas betrayed Him. Judas went to Jesus' enemies and told them where they could find and arrest Jesus. They sent out soldiers, and Judas led them into the garden where Jesus was praying. Judas said, "There will be other men with Jesus and it is dark and difficult to see who is who. I will walk up to Jesus and kiss Him." In this way, the soldiers would know which man to arrest. When Judas and the soldiers found Jesus in the garden, Judas went right up to Him and gave Him a kiss on the cheek. Then the soldiers grabbed Jesus.

Mientras Jesús estaba orando a Dios, Judas lo traicionó. Judas fue donde estaban los enemigos de Jesús y les dijo dónde podían encontrarlo y arrestarlo. Ellos enviaron unos soldados y Judas los dirigió hacia el jardín donde Jesús estaba orando. Judas les dijo: "Van a estar otros hombres con Jesús y está oscuro y difícil para ver quién es quién. Yo voy a caminar hacia Jesús y le voy a dar un beso". De esta forma, los soldados sabrían a qué hombre arrestar. Cuando Judas y los soldados encontraron a Jesús en el jardín, Judas fue directo hacia Jesús y le dio un beso en la mejilla. Los soldados, entonces, agarraron a Jesús.

But Peter saw what was going on and immediately drew his sword to protect Jesus from the soldiers. Peter hit one of the soldiers and cut off his ear. But Jesus said, "No, Peter, it is not right for you to draw your sword." Jesus put the soldier's ear back on again and the soldier was completely healed. Then Jesus was taken away by the soldiers.

Pero Pedro vio lo que estaba sucediendo y rápidamente sacó su espada para proteger a Jesús de los soldados. Pedro hirió a uno de los soldados y le cortó una oreja. Pero Jesús le dijo: "No, Pedro, no es correcto que saques tu espada". Jesús le puso la oreja otra vez al soldado y lo sanó. Entonces Jesús fue llevado por los soldados.

Jesus before the High Priest and Pilate

Mark 14:53-65; Mark 15:1-15

Jesús frente al sumo sacerdote y Pilato

Marcos 14:56-65; Marcos 15:1-15

The soldiers took Jesus to the high priest's house. There, they asked Jesus questions all night long. "This man claims to be God's Son," they said. "But it is not the truth. He is falsely claiming to be God. But He is a liar and He must face the toughest punishment. He must be put to death."

Los soldados llevaron a Jesús a la casa del sumo sacerdote. Allí le hicieron muchas preguntas a Jesús durante toda la noche. "Este hombre dice que es el Hijo de Dios", dijeron ellos. "Pero eso no es verdad. Está mintiendo diciendo que es Dios. Debe recibir un castigo muy fuerte. Debe morir".

But the high priest could not sentence Jesus to death; only the Roman governor could do that. So the next morning, Jesus was taken to the Roman governor, Pilate. Jesus' enemies asked Pilate to have Jesus put to death. Pilate could see that Jesus was a good man and had not broken any law. But everyone shouted louder and louder, "This man must die." Pilate was afraid all the people would start fighting, so to calm the people down, he ordered Jesus to be taken outside of the city and put to death on a cross.

Pero el sumo sacerdote no podía sentenciar a muerte a Jesús; solamente el gobernador romano podía hacer eso. Por esto, a la mañana siguiente lo llevaron donde el gobernador romano, Pilato. Los enemigos de Jesús le pidieron a Pilato que ordenara la muerte de Jesús. Pilato podía ver que Jesús era un buen hombre y que no había faltado a ninguna ley. Pero todos gritaban cada vez más fuerte: "Este hombre debe morir". Pilato tenía miedo de que la gente comenzara a pelear, así que ordenó, para calmar a la gente, que llevaran a Jesús fuera de la ciudad a morir en una cruz.

The Cross
La cruz

Matthew 27:31-55

Mateo 27:31-55

The soldiers crucified Jesus.

Two robbers also hung on crosses, one on each side of Jesus. Although it was the middle of the afternoon, the sun disappeared and a great darkness came over the land. "It is finished," Jesus said. Then He breathed His last breath. Jesus died.

To some people, it may have looked as if everything Jesus said and did was pointless. But the reason Jesus died in this way was because His sacrifice was God's plan from the very beginning. Because Jesus is God's true Son, He always knew it would be this way. By His death, Jesus took on Himself the punishment for all the sin that people have done and still are doing. Jesus took every person's punishment and died for us. He did this to take away our sins so we will not be judged by God for our sins.

But for Jesus' friends who watched it, this was the saddest day in their life. They did not understand what was going on. They wondered why God allowed Jesus to die. But this was going to change very soon.

Los soldados crucificaron a Jesús.

Dos ladrones también estaban colgando en cruces, uno a cada lado de Jesús. Aunque era media tarde, el sol desapareció y una gran oscuridad llenó la tierra. "Esto ha terminado", dijo Jesús y luego tomó su último respiro. Jesús murió.

Para algunas personas, pudo haber parecido que lo que Jesús dijo e hizo fue sin sentido. Pero la razón por la que Jesús murió de esta forma fue porque su sacrificio era el plan de Dios desde el principio. Porque Jesús es el Hijo de Dios en verdad, siempre supo que esto iba a suceder. Con su muerte, Jesús sufrió el castigo por todos los pecados de todas las personas. Jesús sufrió el castigo de cada persona y murió por nosotros. Él hizo esto para que no fuéramos juzgados por Dios por nuestros pecados.

340

Para los amigos de Jesús que vieron todo, éste fue el día más triste de sus vidas. No entendían lo que estaba pasando. Se preguntaban por qué Dios permitió que Jesús muriera. Pero esto iba a cambiar muy pronto…

Jesus Is Alive!

Mark 16:1-8; Matthew 28:1-10; John 20:1-10; Luke 24:1-53

Jesus was taken down from the cross and buried in a cave. A huge rock was placed right in front of it. But early in the morning on the third day after Jesus died, a mighty angel went to the cave and rolled away the stone from the entrance. And then Jesus stepped out! He was no longer dead. He was alive again! God brought Jesus back to life!

¡Jesús está vivo!

Marcos 16:1-8; Mateo 28:1-10; Juan 20:1-10; Lucas 24:1-53

Jesús fue bajado de la cruz y sepultado en una cueva. Pusieron una piedra enorme en la entrada. Pero temprano en la mañana del tercer día después que Jesús murió, un ángel muy poderoso fue a la cueva y movió la piedra de la entrada. ¡Y Jesús salió! Ya no estaba muerto. ¡Estaba vivo otra vez! ¡Dios regresó a Jesús a la vida!

A little later that same morning, two of Jesus' disciples, Peter and John, and a woman named Mary Magdalene came to see the cave where Jesus had been buried. But when they got there, they could see that the big stone had been rolled away and Jesus was no longer there. Peter went inside the cave and found Jesus' clothes lying on the stone where His dead body had been placed. Peter and John went back home and wondered what to do.

Un poco más tarde esa misma mañana, dos de los discípulos de Jesús, Pedro y Juan, y una mujer llamada María Magdalena, fueron a la cueva donde Jesús había sido enterrado. Pero cuando llegaron allí, vieron que la gran piedra había sido movida y que Jesús ya no estaba llí. Pedro entró a la cueva y encontró la ropa de Jesús sobre la piedra donde habían colocado su cuerpo muerto. Pedro y Juan regresaron a la casa preguntándose qué debían hacer.

Mary Magdalene stayed behind. When she went up to the cave, she saw two angels. One of them said to her, "Why are you looking for Jesus here? Jesus is no longer here. He has risen from the dead and is alive again, just like He told you." Mary believed what the angel said and she was no longer sad because she knew Jesus was alive. Then Jesus Himself spoke to Mary and told her the truth—He was alive! Mary was so happy. She went back to tell everybody the wonderful news. This is the day we know as Easter, and we celebrate it joyfully.

María Magdalena se quedó. Cuando entró a la cueva, vio dos ángeles. Uno de ellos le dijo: "¿Por qué estás buscando aquí a Jesús? Jesús ya no está aquí. Ha resucitado de la muerte y vive otra vez, tal como Él les había dicho". María creyó lo que el ángel le dijo y ya no estaba triste porque sabía que Jesús estaba vivo. Entonces el mismo Jesús le habló a María y le dijo la verdad--¡Él estaba vivo! María estaba tan feliz. Ella fue a decirles a todos las noticias maravillosas. Este día es el que nosotros conocemos como Domingo de Pascua o Domingo de Resurección y el que celebramos con mucho gozo.

Later that evening, while the disciples were together in a house, Jesus came into the room and talked with them. The disciples touched Him to make sure He really was alive. Now they were no longer sad. They were full of joy and happiness.

After this, Jesus showed Himself to many other people too. All people who saw Jesus knew for sure that He was alive again and that God had raised Him from the dead.

Esa tarde, mientras los discípulos estaban juntos en una casa, Jesús llegó y les habló. Los discípulos lo tocaron para estar seguros de que en verdad estaba vivo. Ya no estaban tristes. Estaban llenos de gozo y alegría.

Después de esto, Jesús se presentó frente a otras personas también. Todas las personas que lo vieron supieron con seguridad que Él estaba vivo y que Dios lo había levantado de la muerte.

The Big Catch of Fish
La gran pesca

John 21:1-12

Juan 21:1-12

One night, soon after Jesus had died and rose from the grave, the disciples went back to work as fishermen. They had worked all night, but they hadn't caught any fish. Now the sun began to rise. They could see a man walking along the shore. The man called to them and said, "Drop your net on the other side of the boat. That is where the fish are."

Una noche después que Jesús muriera y resucitara, los discípulos regresaron a su trabajo como pescadores. Habían trabajado toda la noche pero no habían pescado nada. El sol ya comenzaba a salir cuando vieron un hombre caminando en la orilla. Aquel hombre les dijo: "Tiren las redes en el otro lado del barco. Ahí es donde están los peces".

Without knowing yet who the man was, the disciples obeyed and dropped their net into the water on the other side of the boat. When they pulled up the net again, it was so filled with fish that it almost burst. It was truly a miracle! John then said to Peter, "I am sure that man is Jesus!"

Sin saber aún quién era ese hombre, los discípulos obedecieron y tiraron sus redes al agua al otro lado del barco. Cuando sacaron las redes, estaban tan llenas de peces que casi se rompían. ¡Era un verdaderamente un milagro! Entones Juan le dijo a Pedro: "¡Estoy seguro que ese hombre era Jesús!"

Peter knew then this was true. He was so excited that he could not wait to see Jesus and talk to Him. So Peter jumped right into the sea with all his clothes on! He swam to get to Jesus as fast as he could. The others came behind him in the boat, dragging the heavy nets full of fish.

Pedro supo en ese momento que esto era cierto. Estaba tan emocionado que no podía esperar para ver a Jesús y hablar con Él. Entonces Pedro saltó al mar con sus ropas puestas y nadó para llegar adonde estaba Jesús tan rápido como pudiera. Los demás lo siguieron en el barco arrastrando las redes pesadas llenas de peces.

Yes, the man on the beach was Jesus. He was sitting calmly by a fire and was cooking fish for His disciples. "Would you like some breakfast?" He asked them. Jesus wanted to spend time with the disciples. He wanted to teach them more about God, about the meaning of His crucifixion when He died, and about Easter when He rose from the dead. But first, Jesus just wanted to take good care of His friends and make sure they were not hungry.

Sí, el hombre en la playa era Jesús. Estaba sentado tranquilo junto a una fogata y estaba cocinando un pescado para sus discípulos. "¿Desean desayunar?" Les preguntó. Jesús quería pasar un tiempo con sus discípulos. Quería enseñarles más sobre Dios, sobre el significado de su crucifixión cuando murió, y sobre la resurrección de los muertos. Pero primero, Jesús quería cuidar de sus amigos y estar seguro de que no tuvieran hambre.

Jesus Leaves Earth
Jesús se va de la tierra

Acts 1:6-11

Hechos 1:6-11

When it was time for Him to leave earth, He took His disciples to a hill outside of Jerusalem. Jesus said, "It's time for Me to go back to heaven to be with My Father. After I'm back in heaven, you must go to Jerusalem and wait until I send My Spirit upon you. After that, you will go out everywhere in the world to tell people about Me and everything I have taught you during these years we have spent together."

Cuando llegó el tiempo para que Jesús se fuera de la tierra, llevó a sus discípulos a una colina afuera de Jerusalén. Jesús les dijo: "Es hora de que regrese al cielo con mi Padre. Luego de que ya esté en el cielo, deben regresar a Jerusalén y esperar hasta que yo envíe al Espíritu Santo sobre ustedes. Después de esto, irán a todos los lugares del mundo a hablarle a las personas sobre mí y de todo lo que les he enseñado durante estos años que pasamos juntos".

When Jesus spoke these words,
He began to rise from the earth.
He went up and up, until a cloud
covered Him and He went out of
sight.

Cuando Jesús dijo estas palabras,
comenzó a levantarse de la tierra.
Se fue al cielo en una nube hasta
que ya no lo podían ver.

Jesus had gone back to heaven to be with God. For a long time, the disciples stood silently and looked up into the sky. They did not know what to think or say about this.

Jesús había regresado al cielo para estar con Dios. Por largo tiempo, los discípulos se quedaron allí en silencio mirando hacia el cielo. No sabían qué pensar o qué decir sobre lo que habían visto.

Suddenly, a loud noise filled the place where the disciples were. It sounded like a mighty wind. A small flame of fire appeared above each of the disciples' heads. This was what Jesus had promised them when He left the earth. It was God's Holy Spirit, which now came upon them. The gift of the Holy Spirit meant that the disciples were able to spread the Good News, the teaching that Jesus had been preparing them for. This was the sign for the disciples that it was time for them to start telling people about Jesus.

De repente, los discípulos vieron dos ángeles junto a ellos. Los ángeles les preguntaron: "¿Por qué miran hacia el cielo? Jesús se ha ido al cielo. Pero un día, Jesús regresará en la misma forma en que lo vieron irse ahora al cielo". Entonces los discípulos regresaron a Jerusalén y se quedaron allí, como Jesús les dijo, esperando que el Espíritu Santo viniera a ellos.

Flames of Fire
Llamas de fuego

Acts 2:1-13

Hechos 2:1-13

A few weeks after Jesus returned to heaven, the disciples were gathered at a place close to the big temple in Jerusalem. The temple was filled with people because it was a very special Jewish holiday. Every year Jews from all over the world traveled to Jerusalem to celebrate this holiday in the temple.

Unas semanas después que Jesús regresara el cielo, los discípulos estaban reunidos en un lugar cerca del gran templo de Jerusalén. El templo estaba lleno de personas porque era un día muy especial para los judíos. Todos los años, judíos de todas partes del mundo viajaban a Jerusalén para celebrar este día en el templo.

Suddenly a loud noise filled the place where the disciples were. It sounded like a mighty wind. And a small flame of fire appeared above each of the disciples' heads. This was what Jesus had promised them when He left the earth. It was God's Holy Spirit, which now came upon them. The gift of the Holy Spirit meant that the disciples were able to spread the good news, the teaching that Jesus had been preparing them for. This was the sign for the disciples that it was time for them to start telling people about Jesus.

De repente, se escuchó un ruido muy fuerte que llenó el lugar donde los discípulos estaban. Sonó como un viento fuerte. Una pequeña llama de fuego apareció arriba de las cabezas de los discípulos. Esto era lo que Jesús les había prometido antes de irse de la tierra. Era el Espíritu Santo de Dios que vino sobre ellos. El regalo del Espíritu Santo significaba que los discípulos ahora podrían llevar las buenas nuevas y las enseñanzas que Jesús había estado preparando para ellos. Ésta era la señal para los discípulos que ya era el tiempo para comenzar a hablarles a otros sobre Jesús.

Other people who were at the temple rushed over to see what was going on. They were very surprised to hear the disciples speak in many languages.

Otras personas que estaban en el templo se apresuraron a ir a ver lo que estaba pasando. Estaban muy sorprendidos cuando escucharon a los discípulos hablar en muchos idiomas.

These people had come from many countries, each one speaking the language of his country. And now, they could understand what the disciples were saying about Jesus. God had given the disciples this special ability to speak in languages they didn't know before. By the power of the Holy Spirit, all the people there could hear the words of Jesus and learn about forgiveness of sin and salvation through Him.

Estas personas venían de diferentes países y cada uno hablando el idioma de su país. Y ahora podían entender lo que los discípulos estaban diciendo sobre Jesús porque Dios les había dado a los discípulos la habilidad de hablar idiomas que antes no sabían. Por el poder del Espíritu Santo, todas las personas que estaban allí podían escuchar las palabras de Jesús y aprender sobre el perdón de los pecados y la salvación por medio de Él.

Peter and John in the Temple
Pedro y Juan en el Templo

Acts 3:1-10

Hechos 3:1-10

On another day, the two good friends, Peter and John, were on their way to the temple to pray and to teach people about Jesus. Right outside the entrance to the temple, they saw a man who could not walk. This man always sat just outside of the temple begging people for money so he could buy food and clothes. He had been begging since he was a child.

Otro día, los dos buenos amigos Pedro y Juan, estaban de camino al templo para orar y enseñarle a las personas sobre Jesús. Justo afuera de la entrada del templo, vieron un hombre que no podía caminar. Este hombre siempre se sentaba afuera del templo pidiéndole dinero a la gente para poder comprar alimento y ropa. Él había estado pidiendo desde que era un niño.

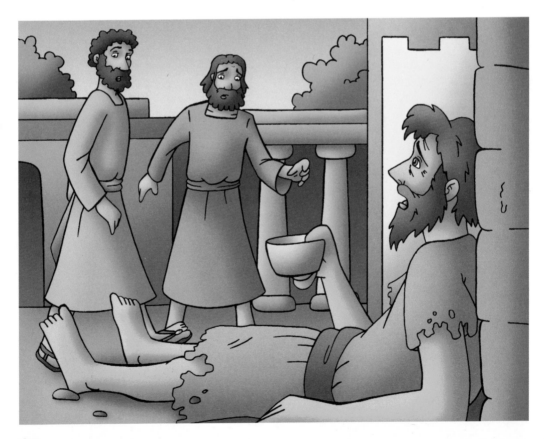

When Peter and John came near, the man asked them for some money. Peter and John looked at him and felt sorry for him. "We don't have silver or gold," Peter said to him. "But we will be happy to give you what we do have. In Jesus' name, I say to you: Stand up and start walking!" And Peter took the man's hand and helped him up on his feet.

Cuando Pedro y Juan se acercaron, el hombre les pidió dinero. Pedro y Juan lo miraron y sintieron lástima por él. "No tenemos ni plata ni oro", le dijo Pedro. "Pero con gusto te daremos lo que tenemos. En el nombre de Jesús, te digo: ¡Levántate y empieza a caminar!" Y Pedro tomó la mano del hombre y lo ayudó a levantarse.

Immediately, an amazing power rushed through the man and he felt strength in his legs. Now he could walk and jump. Dancing and singing, he went into the temple to praise and thank God for healing him through Peter.

Inmediatamente, un poder asombroso llenó al hombre y sintió fuerza en sus piernas. Ahora podía caminar y saltar. Bailando y cantando, fue al templo a alabar y dar gracias a Dios por haberlo sanado a través de Pedro.

Peter then said, "It is Jesus' power, not mine, which has healed the man." And all the people who saw the miracle with their own eyes were completely amazed about what God had done. So they all started to praise and thank God because the lame man could walk again.

Entonces Pedro le dijo: "No es mi poder sino el poder de Jesús lo que ha sanado a este hombre." Y todas las personas que vieron este milagro con sus propios ojos estaban completamente maravillados por lo que Dios había hecho. Todos comenzaron a alabar y dar gracias a Dios porque el hombre paralítico pudo caminar otra vez.

When Saul Became Paul
Cuando Saulo se convierte en Pablo

Acts 9:1-19

Hechos 9:1-19

After the disciples had received God's Holy Spirit, more and more people became followers of Jesus, or as we say today, Christians. But it was not easy back then to be a Christian. Many of the disciples and the first Christians were put into jail. There was one man in Jerusalem who especially did not like Christians. His name was Saul. This man spent most of his time catching Christians and putting them in jail.

Después que los discípulos recibieron el Espíritu Santo de Dios, más y más personas se conviertieron en seguidores de Jesús, o como le llamamos hoy: cristianos. Pero no era fácil ser cristiano en aquel tiempo. Muchos de los discípulos y de los primeros cristianos fueron llevados a la cárcel. Había un hombre en particular en Jerusalén a quien los cristianos no le caían bien. Su nombre era Saulo. Este hombre pasó la mayor parte de su tiempo atrapando a los cristianos y llevándolos a la cárcel.

Saul traveled to many places, looking for Christians to arrest. When he heard that there were many Christians in the city of Damascus, he decided to go there to close the Christian churches and put the church leaders in jail. This city was far from Jerusalem, so it took him several days to walk there.

Saulo viajó por muchos lugares buscando a cristianos para arrestarlos. Cuando escuchó que había muchos cristianos en la ciudad de Damasco, decidió ir hacia allá para cerrar las iglesias cristianas y llevarse a la cárcel a los líderes cristianos. Esta ciudad estaba lejos de Jerusalén por lo que le tomó varios días caminar hasta allá.

But as he was walking to Damascus, something happened that changed Saul completely. He had almost reached the city when, suddenly, a bright light began to shine on him. The light came from the sky, and it was so bright that Saul could not see or keep his eyes open. Saul fell to the ground and realized the light had left him blind.

Pero mientras caminaba hacia Damasco, algo sucedió que cambió a Saulo por completo. Casi había llegado a la ciudad cuando, de repente, una luz brillante comenzó a brillar sobre él. La luz venía del cielo y era tan brillante que Saulo no podía ver ni mantener sus ojos abiertos. Saulo cayó al suelo y se dio cuenta que la luz lo había dejado ciego.

Just then a voice from heaven spoke to him. "Saul, Saul," the voice said. "Why are you fighting Me?" Saul was shocked and asked, "Who are you?" The voice answered, "I am Jesus." Jesus then told Saul to go into the city and wait there. Later, Saul would understand what Jesus wanted him to do.

Justo entonces, una voz del cielo le habló: "Saulo, Saulo", le dijo la voz".¿Por qué estás peleando conmigo?" Saulo estaba asombrado y preguntó: "¿Quién eres?" La voz le respondió: "Yo soy Jesús". Jesús entonces le dijo a Saulo que fuera a la ciudad y esperara allí. Más tarde, Saulo entendió lo que Jesús quería que haga.

Saul was still blind, so his friends guided him into the city. They took him by the hand and led him to a house in Damascus. Saul stayed in this house and prayed for three days and nights. Then God sent an old man named Ananias to talk to Saul. Ananias touched Saul's eyes and all at once he was able to see again. Ananias explained that God wanted Saul to be a leader in the Christian Church. God wanted Saul to spend the rest of his life following Jesus and teaching others about Him.

Saulo todavía estaba ciego, así que sus amigos lo guiaron hasta la ciudad. Lo llevaron de la mano hasta una casa en Damasco. Saulo se quedó en esa casa y oró por tres días y tres noches. Entonces Dios envió a un señor anciano de nombre Ananías para que hablara con Saulo. Ananías tocó los ojos de Saulo y en seguida pudo ver otra vez. Ananías le explicó que Dios quería que Saulo fuera un líder de la iglesia cristiana. Dios quería que Saulo pasara el resto de su vida siguiendo a Jesús y enseñándole a otros sobre Él.

That same day, Saul was baptized in Jesus' name. Then he changed his name to make it clear to everyone that he was beginning a new life as a Christian. He was no longer an enemy of Christians. He now was called "Paul." He continued to travel to many places, but now he told everyone he met about Jesus and what it means to be a Christian. The man who once had caught and put the Christians in jail now became one of the leaders of the Church.

Ese mismo día, Saulo fue bautizado en el nombre de Jesús. Entonces se cambió el nombre para que todos supieran que él había comenzado una vida nueva como cristiano. Ya no era un enemigo de los cristianos. Ahora se llamaba "Pablo". Él siguió viajando a muchos lugares, pero ahora les hablaba a todas las personas sobre Jesús y lo que significaba ser un cristiano. El hombre que una vez había perseguido y llevado a los cristianos a la cárcel, ahora era uno de los líderes de la iglesia.

Paul in Prison
Pablo en la cárcel

Acts 16:16-34

Hechos 16:16-34

It was not easy for Paul to live as a Christian. He had many enemies who lied about him, beat him up, and did all kinds of evil things to him. Paul was put in prison several times. One time, he was in prison with his good friend Silas. Even there, they continued to tell about God. One night, in their prison cell, Paul and Silas were singing about God and praying to Him.

Vivir como cristiano no era fácil para Pablo. Tenía muchos enemigos que decían mentiras sobre él, le pegaban y le hacían muchas cosas malas. Pablo fue llevado a la cárcel varias veces. Una vez, estuvo en la cárcel con su buen amigo Silas. Aún allí, ellos siguieron hablando de Dios. Una noche, en su celda en la cárcel, Pablo y Silas estaban cantando sobre Dios y orándole.

It was around midnight, and as Paul and Silas were singing, a mighty earthquake struck the prison. The thick walls began to shake and all the doors broke open so it was possible for all the prisoners to escape. Paul and Silas also had a chance to escape, but all the prisoners stayed where they were.

Cerca de la medianoche, mientras Pablo y Silas cantaban, un terremoto estremeció la cárcel. Las gruesas paredes se mecían y las puertas se abrieron, lo que posible para todos los prisioneros escapar. Pablo y Silas tuvieron la oportunidad de escapar pero todos los prisioneros se quedaron donde estaban.

The man in charge of the prison was very afraid. If anyone escaped, he was responsible and would be punished. Maybe he would even be put to death because the prisoners had escaped. But Paul called out to the man and said, "Don't worry, everyone is still here. No one has escaped."

El hombre que estaba a cargo de la cárcel tenía mucho miedo. Si alguien se escapaba, él era responsable y sería castigado. Quizás hasta lo matarían si los prisioneros se escapaban. Pero Pablo le dijo al hombre: "No te preocupes, todos estamos aquí. Nadie se ha escapado".

The man rushed into the prison cells. He looked around and, just as Paul said, no one was gone. This man knew then that Paul and Silas believed in Jesus. He had heard them, as they were singing and praying. He said to Paul, "I want to be a Christian. Can you tell me more about Jesus?" He then brought Peter and Silas from the prison to his home, where his wife gave them something to eat. Paul baptized the man and his whole family in Jesus' name. Now they were Christians too.

El hombre se apresuró a ir hacia las celdas de la cárcel. Miró alrededor y, tal como Pablo le habia dicho, nadie se había ido. Este hombre sabía que Pablo y Silas creían en Jesús. Los había escuchado mientras cataban y oraban. Le dijo a Pablo: "Yo quiero ser cristiano. ¿Me pueden decir más sobre Jesús?" Entonces llevó a Pablo y a Silas de la cárcel a su casa. Su esposa les dio de comer y Pablo lo bautizó a él y a toda su familia en el nombre de Jesús. Ahora eran cristianos también.

Shipwrecked!
¡Naufragio!

Acts 24-28

Hechos 24:28

Paul had once again been put in prison, and this time he was to stay there for several years. Then Paul was reminded that because he was a Roman, it was possible for him to complain about his arrest to the Roman emperor. So the soldiers put Paul on a ship that was sailing to Rome. Some of Paul's friends also came along on this long boat journey.

Pablo fue llevado a la cárcel una vez más. Esta vez estaría allí por varios años. Pero alguien le recordó a Pablo que él era romano y que era posible para él quejarse con el emperador romano sobre su arresto. Entonces los soldados pusieron a Pablo en un barco que navegaría a Roma. Algunos de los amigos de Pablo también fueron en este mismo largo viaje en barco.

At the beginning of the voyage, the weather was nice and the sea was calm. But then the wind became stronger and stronger, and it was difficult for the captain to steer the boat. Paul warned the captain. "Don't go any further," Paul said. "We will all die if you continue." But the captain and the soldiers decided to continue on the voyage anyway.

Al principio del viaje, el clima era agradable y el mar estaba en calma. Pero luego el viento se hizo cada vez más fuerte y era difícil para el capitán navegar el barco. Pablo le advirtió al capitán: "No siga adelante", le dijo Pablo. "Vamos a morir si continúa". Pero el capitán y los soldados decidieron continuar el viaje de todas formas.

Right after this, a very strong storm came and big waves hit the ship. The ship was rolling forth and back, and all the sailors were afraid the ship would sink. There was nothing the sailors could do to control the ship. For three days, the ship was caught in the storm. Everyone began losing hope that they would survive and see land again.

Enseguida después de esto, una tormenta muy fuerte y olas grandes golpearon al barco. El barco comenzó a moverse hacia adelante y hacia atrás y los marineros tenían miedo que el barco se hundiera. No había nada que pudieran hacer para controlar el barco. Por tres días, el barco estuvo atrapado en medio de la tormenta y todos comenzaron a perder la esperanza de sobrevivir y ver la tierra otra vez.

Paul then called out to everyone and said, "You should have listened to my warning, but don't give up hope. God has told me that we all will survive and reach land. I trust in God." The next morning the weather was much better and the wind not so strong. The sailors gained control over the ship. Now they could see land, so they set course toward the shore.

Pablo les habló a todos diciendo: "Debieron haber escuchado mis advertencias, pero no pierdan la esperanza. Dios me ha dicho que vamos a sobrevivir y a llegar a tierra. Yo confío en Dios". A la mañana siguiente, el tiempo había mejorado mucho y el viento ya no era tan fuerte. Los marineros lograron el control del barco. Ahora podían ver la tierra y se dirigieron hacia la orilla.

But just as they set sail, the ship ran aground. Big waves hit the ship and began to break it apart. Everyone had to get off before it sank. The soldiers wondered what to do with the prisoners. They even thought about killing the prisoners, but the soldiers decided to give everyone a chance to swim to shore. Those who could not swim grabbed on to some wood from the ship. And just like God had promised Paul, all of the two hundred and fifty men who were on the ship swam to shore and were safe.

Pero justo cuando comenzaron a navegar, el barco sufrió un golpe. Grandes olas golpearon el barco y comenzaron a romperlo. Todos tenían que salir antes que se hundiera. Los soldados se preguntaban qué harían con los prisioneros. (¡Pensaron en matarlos!) Pero decidieron darles a todos una oportunidad de nadar hasta la orilla. Aquellos que no podían nadar, agarraron algún pedazo de madera del barco. Y tal como Dios le prometió a Pablo, todos los 250 hombres que estaban en el barco nadaron hacia la orilla y se salvaron.

They had reached an island called Malta and had to stay there for more than three months until a new ship came to take them to Rome. Finally, after a very long and dangerous journey, Paul arrived in Rome. There he spent a lot of time telling the people he met about Jesus. People from all over the world came to Rome, so the message of Jesus spread quickly throughout the world. Paul also visited many Christians in Rome and told them all he had learned about God.

Llegaron a una isla llamada Malta y tuvieron que quedarse allí por más de tres meses hasta que llegara un nuevo barco que los lleve a Roma. Finalmente, luego de un largo y peligroso viaje, Pablo llegó a Roma. Allí pasó mucho tiempo hablándole a toda la gente que encontraba acerca de Jesús. Gente de todas partes del mundo llegaba a Roma por lo que el mensaje acerca de Jesús se esparció rápidamente por el mundo. Pablo también visitó a muchos cristianos en Roma y les dijo todo lo que había aprendido sobre Dios.

God's Wonderful City
La maravillosa ciudad de Dios

Revelation 4 & 21

Apocalipsis 4 y 21

Paul and the two disciples, Peter and John, wrote many letters to different churches all over the world. They wrote letters to teach other Christians about Jesus, His life, death, and resurrection, and about God and His love. These letters were really appreciated by the Christians. Every time they gathered in church, they took these letters and read them over and over again.

Pablo y los dos discípulos, Pedro y Juan, escribieron muchas cartas a las diferentes iglesias alrededor del mundo. Escribieron cartas para enseñarles a otros cristianos acerca de Jesús, su vida, muerte y resurrección y sobre Dios y su amor. Los cristianos apreciaban mucho estas cartas. Cada vez que se reunían en una iglesia tomaban estas cartas y las leían una y otra vez.

The disciple John had been one of Jesus' closest friends. He lived longer than any of the disciples, and became a very old man. John spent all his life telling about Jesus, and he traveled to far away countries to do so. Late in his life, John was forced to stay all alone on a small island called Patmos. In this way, the enemies of Christians hoped he would not be able to continue to speak about Jesus anymore. But it did not happen that way.

El discípulo Juan había sido uno de los amigos más cercanos de Jesús. Fue el que más años vivió de todos los discípulos hasta que se hizo muy viejito. Juan pasó toda su vida hablando de Jesús y viajó a lugares lejanos para hacerlo. Más adelante en su vida, estuvo forzado a quedarse solo en una isla llamada Patmos. De esta forma, los enemigos de los cristianos esperaban que ya no pudiera seguir hablando acerca de Jesús. Pero esto no sucedió así.

One day, John had a very special experience. Suddenly, he could see right into heaven, where God is. He could see Jesus dressed in a splendid white robe, and he saw God's throne surrounded by a rainbow. All around it, he could see angels, and they were singing, "Holy, holy, holy is God the Almighty." Later, some of the angels showed John what will happen in the future. John wrote down all of what he saw and heard. Then, he sent letters about it to his friends so they could tell other Christians what John had seen and been told about the future.

Un día, Juan tuvo una experiencia muy especial. De repente, el podía ver directo al cielo donde estaba Dios. Podía ver a Jesús vestido en una túnica blanca espléndida y vio el trono de Dios rodeado por un arco iris. Alrededor de él, pudo ver ángeles que cantaban: "Santo, Santo, Santo, Dios omnipotente". Luego los ángeles le mostraron a Juan lo que iba a pasar en el futuro. Juan escribió todo lo que vio y escuchó. Luego envió cartas sobre esto a todos sus amigos para que ellos le pudieran contar a otros cristianos lo que Juan había visto y habían dicho sobre el futuro.

When John was looking into heaven, he saw a very special city. It was the most beautiful city he had ever seen; everything was covered with gold and pearls. John saw the city where God and Jesus live. Even the streets were made of gold. In the middle of the city was a beautiful river and along the river were trees. The most wonderful fruits were growing on these trees, and when people eat the fruit, they live forever.

Cuando Juan estaba mirando hacia el cielo, vio una ciudad muy especial. Era la ciudad más hermosa que jamás hubieran visto; todo estaba cubierto con oro y perlas. Juan vio la ciudad donde Dios y Jesús viven. Aún las calles eran hechas de oro. En el medio de la ciudad, había un río hermoso y alrededor del río había árboles. Las frutas más maravillosas crecían en esos árboles, y cuando la gente comía de esta fruta, vivían para siempre.

Heaven is a place where there is no more pain, suffering, sickness, or death. Only good and wonderful things happen there. Jesus is waiting for us to be with Him there when we leave this world. He is preparing a home for us, and there is plenty of room for everyone. And we will live there forever, with Jesus and God and all other believers.

El cielo es un lugar donde ya no hay dolor, sufrimiento, enfermedad o muerte. Sólo cosas buenas y maravillosas pasan allí. Jesús nos está esperando para que estemos allí con Él cuando dejemos este mundo. Él está preparando un hogar para nosotros, y hay lugar suficiente para todos. Y viviremos allí por siempre, con Jesús y Dios y todos los demás creyentes.